领导力

LEADERSHIP

武彬 ★ 著

名校公开课

斯坦福大学一次面向世界的公开课

THESE ARE WONDERFUL

OPPORTUNITIES FOR LEADERSHIP

Wuhan University Press
武汉大学出版社

U0685176

图书在版编目(CIP)数据

领导力 / 武彬著. —武汉：武汉大学出版社,2014.9
ISBN 978-7-307-12983-2

Ⅰ. 领… Ⅱ. 武… Ⅲ. 企业领导学 Ⅳ.F272.91

中国版本图书馆CIP数据核字(2014)第054481号

责任编辑：张爱彪　　　责任校对：管思梦　　　版式设计：张金花

出版发行：武汉大学出版社　　　(430072　武昌　珞珈山)
　　　　　　　(电子邮件：cbs22@whu.edu.cn 网址：www.wdp.com.cn)
印刷：北京毅峰迅捷印刷有限公司
开本：710×1000　1/16　　　印张：16　　　字数：205千字
版次：2014年9月第1版　　　2014年9月第1次印刷
ISBN 978-7-307-12983-2　　　定价：32.80元

版权所有，不得翻印；凡购我社的图书，如有质量问题，请与当地图书销售部门联系调换。

Leadership

这是一个管理系统缺失、优秀领导匮乏的后危机时代，市场在我们所看到的欣欣向荣的景象之下，悄然隐藏着太多的领导空洞，今日的世界不能再用"健全"一词来形容，因为我们已经展露出贫瘠的姿态，我们的危机来源于一个推动社会进步的关键因素，这就是领导力。

2013 年，研究领导力长达五六十年之久的斯坦福大学再次推出了一堂公开课——"一次领导力的对话"。这堂公开课辑录了多位世界著名成功领导者对领导力的看法，也从多个层面诠释了领导力的含义。显然，斯坦福大学的目的不在于领导力的推广，而在于全球领导力的提升。看过这堂课的所有领导者都或多或少地领悟了一些领导力的真意，然而这次公开课的高深之处在于它全程没有任何关于领导力的解释定义，也没有提到明确提升领导力的方法，而是从不同的角度讲述了领导力的作用，以及领导力对他人、对世界造成的影响。

很多领导者在看完这堂公开课后都会产生一种相同的感觉——不尽兴，不满足，但是又很难说出这种感觉产生的原因。其实，斯坦福大学的这堂公开课，是把所有领导者带到了一层阶梯面前，一层领导力升级的阶梯。而领导者所需要做的只是迈出关键的一步，只要踏出这一步，那么自身的领导力就可以产生一种质的飞跃。

本书的策划，是为了向那些站在关键阶梯面前却仍旧感觉迷惘的领导者笃定一个清晰的方向。笔者借助斯坦福大学这次公开课的内容，从领导者的角度出发，切合领导者从中获取的真实感受，并归纳了领导力的提升方法，总结了领导力转化的主要方式，从而为领导者提供了一条展示领导力魅力的捷径。

无论时代如何进步，社会怎样发展，领导力永远是这个世界不可或缺的重要元素。从管理升级到完善的领导体系，就是一个将被动转化为主动，将逆境扭转为顺境的过程。每一位领导者身上必然具备着深厚的领导潜力，然而大多数领导者能力发掘的瓶颈正是领导力的提升不畅。在此，笔者有幸与诸位领导者一起探索未来的领导之路，并把个人总结的领导思想、领导者感悟与读者分享。

在笔者看来，领导力是一种由内而发，至外而鸣的力量。一位领导者是否成功并不是取决于他自身领导力的潜力以及挖掘程度，而是他为这个世界带来的改变。因此，尚未做出成绩的领导者完全没有必要灰心，更没有必要因此而放弃。

所有领导者都处于相同的起跑线，这个世界还在等待更多的领导者去将其完善。本书对此选用了最直白的语言、最有感染力的案例，并吸取归纳了多种领导力提升的方法，本书的最终追求绝不是领导者个人能力的升华，而是希望可以通过领导者之手为这个世界带来更好的前景。

Leadership

目 录

Leadership

领导力不是天生的，
而是后期磨炼而来的

Leadership

Leadership

第一节　没有天生的领导者，只有后天的领导力

领导力是与生俱来，还是后天造就，这一直以来都备受争议。很多人都会有这样的抱怨："为何我的父母没有遗传给我领导的基因，让我具备领导者的素质，获得强大的领导力，来改变这种现状，扭转这种局势？"

管理学巨擘彼得·杜拉克曾说过，这个世界上的确存在一些天生就具备高强领导素质的人，但是这样的情况只是少数，而且这些人也无法被直接称为领导者，因为每个领导者都是在经历了一定的学习过程，凝聚了深厚的领导力之后才获得成功的。

可见，领导力并非存在于人类的 23 对染色体中，而是来源于这个世界，来源于领导者对这个世界的感悟。领导大师华伦·班尼斯有这样一句名言："最可怕的迷思，就是认为领导人都是自然天成的。"这句话同样告诉我们，领导力，来源于后天造就，而非与生俱来。

2013 年，斯坦福大学推出了公开课"一次领导力的对话"，从这次公开课的内容中我们学习到的第一个理论性知识，就是领导力的后天培养。在这次公开课中，多位成功领导者都一致肯定了一件事，这就是世界上大多数人都可以成为领导者，而且是非常成功的领导者，只要他们个性、心

智健全，那么他们就可以维护健全的人际关系，并从中领悟领导技能。

技能本身就是一种可以学习的东西，而领导技能与其他技能的不同之处在于，领导技能是大部分作用于他人之上，对领导者自身的影响同样是依靠他人烘托、对映而来的。很多领导者过于注重这一技能的体现方式，认为领导力应该是一种由领导者产生作用而影响他人的力量。

这种逆向的思维与逆转的理论导致了目前全球领导力匮乏的局面，也是大多数人无法获得领导力，只懂得管理的原因所在。不错，一位真正的领导者完全可以做到不管而理，完全可以用一种领导者的特质改变他人的思想，但是前提是领导者已经具备了深厚的领导力，而且这一领导力在他人身上实现了能量的转化，导致他人的改变，只有经历了这一过程，领导者才能具备不管而理的能力。

领导技能的学习、领导力的提升，必然要经过自身的学习和锻炼，甚至要经受无数的磨炼。后天领导力的形成过程就是领导者自身能力稳定发展的过程，可以说领导者在发展过程中遇到的每一次挫折和阻挠都与领导力有着直接的关系。

大家都熟知比尔·盖茨，作为微软总裁、世界首富的比尔·盖茨是世界公认的成功领导者。然而比尔·盖茨却曾说过他有一位非常佩服的领导者，就是2007年成功顶替他成为当年世界首富的卡洛斯·赫鲁。对于这个名字相信很多人都感觉陌生，作为多年的世界第二富豪，卡洛斯·赫鲁竟一直都默默无闻。

盖茨将其视为一位非常成功的领导者，这并不是因为卡洛斯·赫鲁的企业实力，而是他自身领导力的提升。盖茨曾说过，卡洛斯·赫鲁是一个非常勤奋的人，而且是一个懂得自我反省的人。他曾经多次想要在实力上超越盖茨，但是都失败了。然而每一次失败之后他都可以用最短的时间找出自身的不足，并迅速将其弥补。"我知道他终会超越我，因为他懂得如何提高自己的领导力，如何运用自己的团队，并且永不停下向前的步伐，这一点让我感觉到敬佩。"

比尔·盖茨对卡洛斯·赫鲁领导力的评论在斯坦福大学公开课中得到了充分的印证。在这次公开课中，所有成功的领导者几乎都提到了两个关键的词语，"勤奋"与"不知足"，可以说这两种性格正是所有领导者不断凝聚领导力、提升领导力的基础。

我们可以从世界上任何一位领导者身上找到勤奋的特征。虽然这些人一生都会拥有高枕无忧的生活，但是他们仍然比我们想象中要勤奋很多。现任斯坦福大学校长约翰·汉尼斯教授曾讲述过这样一则经典的领导力理论，他说，任何领导者的成功都是建立在勤奋之上，任何领导力的提升都是建立在更加勤奋的基础上。

另外，斯坦福大学这次公开课中展示的领导者都有一种共同的特性——无论他们企业性质有何差别，企业规模存在怎样的差距，他们每一个人在能力范围之内都被称为"最佳领导者"，这才是领导力的体现。

除去勤奋之外，领导者通过后天培养提升领导力的特质还有一个，这就是上面比尔·盖茨提到的"永远不知道满足"。可以说包括此时已经离开微软的盖茨在内，这些成功者仍然保持着一颗永不知足的心，这也是决定领导力是先天而生还是后天而成的临界点。

领导力区别于管理能力的最大一点在于价值观，很多领导者将管理能力与领导能力认定为相同的价值，导致这些领导者在管理好团队之后便停滞不前，永远无法成为卓越的领导者。正如斯坦福大学公开课中各位领导者所谈到的，领导力的提升过程就是不断发现缺点，并将其不断完善的过程。这里我们要提出一个补充条件，这就是：我们发现的缺点并不是单纯针对自身或者团队的，更重要的是两者之间的联系，很多缺点只是表面现象，而其根本在于领导者作用于团队之上产生的效果，这种作用才是领导力。

对于成功领导者的存在，我们无须再怀疑，任何一个站在高处的领导者都不是天生的，而是从底层坚持不懈攀爬而至的。马云有一句经典名言："今天很残酷，明天更残酷，后天很美好，但是很多人死在了明天晚上。"这句话对于那些迫切渴望提升领导力，以便站到更高处的领导者而言，非常实用。不要再羡慕他人的天赋异禀，也无须抱怨自身资质低下，这个世界上没有天生的领导者，只有后天的领导力，而这份力量的获得者就是当今的成功者、卓越者。

Leadership

第二节　会管理不等于会领导

被誉为"领导革命之父"的哈佛商学院教授约翰·科特有一句名言："管理者试图控制事物，甚至控制人，但领导者却努力解放人与能量。"这句话点明了领导与管理之间泾渭分明的本质区别。领导是一种领袖风范，更是一种人生向往，领导者率领跟随者坚定不移地奔向理想中的目标，而管理是指在这一过程中确保内部顺利进行而造就的规范。

相信每一位领导者都十分清楚领导与管理的区别。简单地说，领导是在告诉自己的跟随者要做正确的事，而管理则是告诉服从者需要正确地做事。虽然两者有着密不可分的联系，但是两者层面上存在着一定的差别。领导是管理的升级，管理是领导的基础。约翰·科特教授还有这样一句名言："领导者获取成功的方法就是 75%~80% 的领导和 20%~25% 的管理，而不能反过来。"从这一百分比中，我们就可以清楚地看到对于成功而言领导与管理所起到的作用。

会管理不等于会领导，这是斯坦福大学在这次领导力对话公开课中提出的领导观念。从这次公开课多位世界著名领导者的对话中，我们找到了领导与管理的最大区别，并明确地总结出一套领导者从中获益良多的领导策略。

第一，令管理产生变革升级为领导。我们从斯坦福大学诸多成功领导者关于领导力的对话中总结出了一点规律：领导技能的基础大部分源于管理，无论是多么卓越的领导者，都必然具备高端的管理能力。而这与普通管理的区别只有一点，就是领导者运用管理能力不只是为了维持秩序，使团队正常运转，更是希望在运转之上追求高效，在安定之上追求变革。这一目的的升级有效地将管理带向了领导，并可以帮助领导者掌控混乱的局面，开创重大的变革。

可以说，斯坦福大学这次公开课不仅阐述了管理与领导之间的区别，更点明了领导与管理之间的微妙之处，点明了一种升级方法，让懂得管理却不擅长领导的管理者感受到了点醒人生的启示。

第二，管理升级为领导不是为了脱离管理。其实，这一观点在很早以前斯坦福大学就已经提出，在这次公开课中，我们在世界著名成功领导人的对话中印证了这一观点的正确性。

我们明确了管理的升级方向，并了解了领导的根源，无论领导者的才能多么超凡脱俗，依然离不开管理。正如斯坦福大学现任校长约翰·汉尼斯教授所说，"管理不仅是领导的根源，更是领导的根基"。

在公开课上，有一位发言者给人留下了深刻的印象。她曾是斯坦福大学的学生，现在经营着一家50人左右的小公司，收到母校关于领导力讨论课程的邀请她深感震惊，因为她与其他受邀嘉宾在企业实力方面有着巨大的差距，但是她对领导与管理之间的独特观点令在场所有人敬佩。她叫帕蒂。帕蒂对于管理与领导之间的关系阐述了自己独特的观点："一个团队、一家公司想要获得成功，不仅需要满足市场需求，还要满足内部需要，而且这些需要随着时间推移会不断变化。这时团队就需要变当前的目标为预期的目标，变系统的、合理的规划为未来的、受控的规划。

"制定系统的、合理的规划依靠管理，当这一规划转换为未来的、受控的规划时就需要领导了。虽然我们最终的追求是未来的、受控的目标，但是这一转变确实来源于当前系统的、合理的目标。

"有些领导者会说：'我从一开始所制定的就是针对未来并受控的目标。'其实不然，因为这是不可能的。你所制定的一切目标都是针对当前团队、公司实力分析后而完成的。作为领导者，我们所追求的就是如何把未来的可变因素转化为可控因素，换而言之就是在管理中寻求更多的领导。"

帕蒂的观点看似复杂，但是思想非常鲜明。这就是会管理并不代表会领导，成功的领导者应该学会在不舍弃管理的前提下从中衍生更多的领导。这里我们需要明白，帕蒂的理论并非在贬低管理，更不是在赞扬领导，而是在强调两者的作用。管理固然重要，然而必须产生变革，从中衍生出领导才能够达成目标，获取胜利。帕蒂的领导思想就是帕蒂作为一位刚刚成立小公司的领导者却可以与这些世界成功人士平起平坐的原因。帕蒂的理论十分适合当前的时代，目前太多的团队、企业缺乏卓越的领导者，以致我们称今日为"一个领导匮乏的时代"。这并不是因为领导者缺乏基本的领导天赋，而是这些领导者还未曾明白"会管理不等于会领导"的含义。

导致这一现象的主要原因是一种效果误区。一个被管理得井井有条的企业和一个被正确领导的企业之间在一段时间内是没太大区别的，然而在未来的发展中两者的差别会越发明显，这也是很多企业死于发展阶段的原因。

对此，我们也在公开课中总结了领导者优于管理者的特点：

第一，领导者在理性之上的洞察力。管理者会管理的前提之一就是管理措施保持理性，以保证企业获取最大利益。而领导者在这之上还具备一种独特的洞察力——从各种理性管理措施中找到未来的领导策略。

第二，领导者可以更灵活地运用管理措施。对于这一特性相信每个领导者都有感悟，死板的管理策略往往无法达到意向中的效果，而灵活多变的管理可以令团队、企业更具活力，更具发展潜力。当这种灵活的管理升级到非常恰当、非常熟练的阶段时便成为领导。

第三，领导者可以根据一种管理行为解决多个管理问题。管理者可以依靠管理方法、管理策略有效地解决团队、企业运作问题。而领导者可以从多个角度看待问题，或者一次性解决多个问题，而且不会出现重复的问题。

换而言之，管理者以解决问题为目的，而领导者以不再出现问题为目的。

第四，领导者拥有一个富有想象力的头脑。领导者的这一特点在斯坦福大学公开课中展现得淋漓尽致，甚至公开课中各位成功领导者所开的玩笑都极具想象力，并且十分有见地。可以说循规蹈矩的发展方式只适合管理者，而跳跃式的思维才是领导者的特征。

从这些特点中我们可以了解到管理区别于领导的特征，也可以从中明确成为领导者所需要提升的特质。会管理不等于会领导是不可否认的事实，明白这一道理不是我们的目的所在，也不是斯坦福大学这一公开课的源起，如何从管理升级为领导，如何提升更多的领导力才是我们共同的追求。

Leadership

加斯·塞隆纳是斯坦福大学商学院院长，在一次访谈会上，他论述了斯坦福商学院在培养新一代领导者时所面临的挑战与压力。

随着全球化步伐的不断加快，企业对领导者提出了一系列新的管理问题。而作为专注于培养企业领导人的斯坦福商学院，面对新兴市场对人才的求贤若渴，他们又会做出什么样的改变呢？

关于这一问题，加斯·塞隆纳认为，随着经济危机席卷全球，以往的领导者的确无法适应新型的环境，现在的雇主需要的是那些具备"领导技能"的领导者，也就是我们所说的"软技能"。

加斯·塞隆纳说："融资、供应链管理、会计等都属于'硬技能'——这些技能在工商管理教育中已变得更加标准化——已成为每个人都应该知道的一类保健因素。这几组技能的适用性非常广泛。坦白地说，各家商学院提供的此类课程并没有太大的区别。但是，各种'软技能'——真正的领导力，与其他人协作以及通过其他人执行任务的能力，仍然供不应求。"

那么，什么才是真正的领导力，什么才是"软技能"呢？

领导者是一家企业的灵魂人物，企业的员工一般对领导者有着非常高的期望，但是有时候领导者的表现却往往不能如员工之意。尤其是随着经济危机的到来，全球市场环境迅速变幻，各种新型的问题与危机随之而来，因此，斯坦福大学商学院认为，所谓的领导技能，就是能够处理各种危机的能力，也就是随机应变的能力。

2003 年，美国"哥伦比亚"号航天飞机即将返程时，在美国得克萨斯州中部地区发生爆炸解体，机上的 6 名美国宇航员以及一位首次进入太空的以色列宇航员全部遇难。"哥伦比亚"号的失事也印证了一点：太过复杂的系统是会出事的，不是今天，就是明天，合情合理。事故之后，人们总会积极地寻找事故原因来避免下次事故，这是人的一种本能，如果因为一次事故而从此放弃航天事业，或者不做检讨和寻找事故原因，听任下一次事故发生，那么这件事情就不是一个国家能够接受的。

美国之前几次航天飞机进入太空都没有问题，所以美国人对航天飞机的安全性就有了信心，认为航天飞机十分可靠，不会发生事故，因此在这次行动的时候特意带上了一位以色列的航天员来学习，但是没想到偏偏就是这个时候发生了灾难。

我们永远不要低估问题的破坏力，我们经常会听到"屋漏偏逢连夜雨""人倒霉了喝口凉水都塞牙"等，这些情况经常会在我们周围发生。

在激烈的市场竞争当中，企业就如同一艘在风浪中航行的船，如果想要保持前行途中的安全，那么企业的领导者就一定要履行好舵手的职责，在面对各种问题的时候都应该保持清晰的洞察力，发现问题，及时防范，不要等到最坏的时候再抱怨，"为什么这个问题偏偏在这个时候出现"，对企业来说，这时候处理问题的代价将是高昂的，甚至是毁灭性的。

既然危机是必然存在的，那么我们如何才能对其防范，让它不能对我们产生太大的影响？以下有几点建议：

1.谨慎的乐观比盲目自信更有意义。

任何时候保持乐观心态都是很重要的，它是一种积极、自信的表现，同时也是一种内在的驱动力，但是乐观并不代表盲目的自信。

对待危机，领导者一般都存有两种截然不同的态度：一种是消极的态度，认为既然错误是不可避免的，灾难早晚会发生，索性就破罐子破摔，坐吃等死，那么，这样的领导者就很难有所作为；而另一种则是积极的态度，认为差错虽然不可避免，灾难迟早要发生，但是更应该不懈坚持，要全力以赴地准备迎接灾难，时刻提高警觉，防止问题的发生，从容地面对难题。显而易见，第二种态度比第一种态度更加实用和优秀，这种思维方式是谨慎乐观的一种体现。

毫无疑问，人类虽然越来越聪明，但是不可能彻底了解整个世界的所有奥妙，也不能掌握这个世界的所有规律。之前的案例告诉我们，容易犯错误是人类与生俱来的弱点，无论科技多么发达，事故总是会发生，而且我们解决的办法越高明，面对的灾难也就越严重。所以，面对我们自身的缺陷，最好的办法还是思考得全面、周到一些，采取多种措施，防止人为的因素导致灾难的发生。

错误是这个世界的组成部分，人天生就是要与错误共存，错误并不总是坏事，错误可以理解为成功的垫脚石，因此，要勇于尝试，敢于犯错，面对错误不逃避，不气馁，更不要试图掩盖它。

不可否认，危机与挫折普遍地存在于我们的生活中，这一点谁都无法改变。但是，尽管如此，领导者也没有必要认为事情一定会向不好的方向发展，从而整天沉浸于悲观的情绪之中。恰恰相反，领导者更应该以此激励自己，激励员工，鼓励团队中的所有成员以积极的态度去面对人生，面对工作，因为悲观和失望只会令事情变得更加糟糕，只有积极、努力地投入到工作和生活中去，事情才能出现转机，美好的愿望和远大的理想才会有可能实现。

2. 面对危机应该去防范解决而非逃避。

危机无处不在，人是如此，企业亦是如此。作为企业的领导者，在管理企业的过程中总是要面对成百上千甚至更多的员工，这些员工也是形形色色，而且领导者还要处理数不清的内外事务，如果领导者没有能力驾驭这些人和事，那么企业的管理就无法顺利进行，企业就可能遭遇到更多的人为危机。

可以说，在企业经营管理上面，无时无刻不存在着或大或小的危机，而这些危机有的已经表露出来，有的却潜伏得很深。已经表露出来的危机需要管理人员及时地运用人力物力去解决，而潜伏起来的危机则要求领导者加强监控和预防，将其控制在一定的范围之内，让其不能对企业的生存和发展造成危害，也就是我们通常所说的防患于未然。

也许是受到了经济危机的影响，也许是因为积累了很多的经验，现代很多成功的企业家对潜在的危机都十分重视。麦肯锡公司曾经在对《财富》杂志评选的世界五百强公司调查后发现：在受访企业 CEO 中，有 54% 的人都对如何处理潜在危机日益重视，而这次调查确认的潜在危机分别有：暴力事件、工人罢工、恐怖活动、诈骗、产品质量出现问题引发的官司、道德规范问题、CEO 的接替、金融危机等。

危机就像是无孔不入的寄生虫一般侵扰着企业的正常运转。危机无处不在，这是一种切实存在的现状，企业的领导者如果想要减少或者避免危机的发生，就必须做好监控预防工作。良好的监控是防止一个企业可能出现危机的最好途径，而唯有具备足够的危机意识，认识到危机可能给公司带来的危害以及危机无处不在的现状，领导者才能更积极有效地开展各项工作，防患于未然。

3. 不要忽视任何小危机。

不忽视任何细节是有效避免企业遭受重大损失的基本要求。

什么是小的危机？这主要是根据危机的大小来定，这种大小是相对意义上的界定，没有一个绝对的标准。对于个人来说，房子失火或者是一场车祸都足以酿成一场危机事件。不管是飞机失事还是地震海啸，所引起的死亡都会对一个家庭产生巨大的冲击。个人或者小团队危机或许不会对大环境产生威胁，但是如果事态扩大，弥补危机所造成的损失也将进一步复杂，这就需要领导者能够分清主次和缓急，危机发生后无论怎样解决，无论是大是小，都会对集体产生一定的危害，而小的危机也可能引发一系列大规模的巨大危机。

西方有这么一首民谣："少了一个钉子，丢了一只马掌；丢了一只马掌，瘸了一匹好马；瘸了一匹好马，阵亡了一位元帅；阵亡了一位元帅，输了一场战争；输了一场战争，亡了一个国家。"

少了一个钉子而丢了一个国家，由此我们可以发现，小的疏忽也会带来大的灾难。这是因为危机通常不是孤立存在的，一个危机经常会引发另一个危机，一个看似小之又小的危机经常会引起连锁反应，这就是危机的连带效应，也是领导者必须重视小危机的主要原因。

小危机就像是将一块石子丢进了池塘会引起阵阵涟漪一般，对外界会产生一系列的负面影响，所引起的大危机就是能够造成整个池塘的波动。

应付危机的技能，是斯坦福大学商学院教授学员适应新环境的最佳领导技能。一位领导者如果无法有效地应付危机，即使他的"硬技能"再强悍，也无法带领一个企业做大做强。因此，让我们从现在开始，锻炼自己。

Leadership

具备领导力的
必备前提与认知

Leadership

Leadership

《哈佛商业评论》中曾提到过一种领导力划分方法。这种理论将领导力划分为硬性管理力量（Hard Power）和软性管理力量（Soft Power），同时具备这两种能力的人可以控制团队的情绪、情感以及潜力发挥。我们在此首先学习的是领导者的感性认知，这种感性认知大多发挥在软性管理力量中。

领导者的感性认知又被称为感性领导力。感性领导力有察觉力、创新能力、感性管理策略三个重要组成部分。

察觉力

领导者察觉力是领导者感性认知的基础，是领导者控制团队发展节奏的主要利器。正如斯坦福大学公开课中提到的对领导者品质的要求，领导者首先要具备良好的自我情绪控制能力，并具备团队情感观察把握能力。

团队发展依靠领导者的带领，但是团队发展节奏不能跟随领导者的个人节奏。因为领导者节奏的控制往往受到情绪的影响，领导者学会自我情绪控制是减少团队发展阻碍的重要因素。

领导者的自我觉察主要体现在以下三方面：

1. 内外一致。领导者无论在何种情绪下都需要察觉自己是否保持在内外一致的状态。这种一致并非领导者由内在情绪控制外在情绪，而是确保情绪波动符合外在环境。这是一种由外到内的一致。

2. 行动一致。所谓行动一致是指领导者的情绪是否察觉外在处理方法与最正确的方式一致，是否受到了个人情绪影响。这则是一种由内到外的一致。

3. 计划一致。斯坦福博士 Jane Woodward 曾表示，很多领导者无法提升领导力的主要原因之一，在于他没有一颗坚定的内心，往往无法实现预定的计划，到计划失败或者方向偏离时才开始懊恼，这是领导者的失败之处。

我们可以从中看出，领导者能否实现预定的计划关系到领导力的提升。虽然计划随现实情况转变而更改无可厚非，往往这种转变也只是针对过程而并非结果，但是计划随着领导者多变的思想而转变则是一种错误的观念，领导者察觉自己时刻保持坚定信念、坚实基础是领导者自我觉察的重点，因为领导者的梦想是在多个计划完成中实现的。

领导者的察觉力不仅对内，还需要有一种对外的扩展。领导者对外的洞察力虽然感性，但是更知性，懂得了解他人隐藏的目的与需求。因此，领导者保持敏锐的好奇是必要的，但是在这种好奇的延伸中，领导者需要放弃个人成见，用一种正直多向的觉察态度探析他人的情绪和情感所在。

创新能力

创新已经在现代领导学中成为最基础的领导知识，但是很少有领导者可以利用创新开创一种全新的未来。像比尔·盖茨、乔布斯等引领时代的人物都是在创新中获取成就的，我们在这些领导者以及斯坦福大学公开课展示出的成功领导者身上看到了什么？创新的勇气和创新的思维。

首先，领导者如果不能感性地狂想，那么他不会拥有远大的目标，更无法抵达崇高的地位。领导者的感性认知中只有先做到感性才能有所认知。我们从斯坦福大学公开课中听到最多的是什么？不是这些领导者获得的成就、赚取的利益，而是他们给世界带来的改变。这就是领导者创新的思维方式，有想法才会有行动，有行动才会带来改变。

另外，创新思维不是空想，不是对美好未来的描述，而是一种追求美好未来的动力。所有领导者创新思维的培养都是在目标不断达成中实现的。因此领导者的创新思维必须与时俱进，与事相符，如此，创新思维才能转化为创新动力，创新思想才能与现实相结合。正如斯坦福大学校长所说，斯坦福大学研究领导力的五六十年历程中，创新一直占据着一个重要的位置，任何创新思维、创新方法都是领导力的体现，只有创新转化成了行动与改变之后，才能称得上是真正的领导力。

其次，创新与感性的结合。创新可以被称为一种领导艺术，而艺术的追求往往是在偶然中达成的。因此，感性的创新思维对于领导力而言非常有必要。创新不是只能在经历了无数思考与实验后才能得到的，创新应该是领导者在某一次偶然的感触中激发的，而这种感性的创新往往可以改变很多被动局面，取得较大突破。

感性管理策略

在《哈佛商业评论》中还有这样一段话：虽然领导是管理的升级，但是领导永远无法取代管理，无论两者差距多大，领导与管理必然是相辅相成、互相依靠的。管理是基础，领导是突破。

这段话出自领导力专家约翰·科特的口中。作为《哈佛商业评论》的权威代言人，约翰·科特对感性管理与感性领导也做出了透彻的分析。

作为感性领导的基础，感性管理主要表现在领导者的心胸上。领导者是团队的核心，也是团队的载体，从领导者思想中诞生的管理思想推动着团队的前进与发展，如何保证团队保持高效运行的状态就需要领导者感性的管理方法。

尤其在团队发展紧要阶段，死板的管理方法反而会成为团队发展的牵绊，这就需要领导者根据现实情况改变管理的策略与方法。例如，团队超负荷连续运作许久，在团队成员出现某种纰漏之时，领导者不能用固有的管理策略对团队成员进行处罚，而是应该鼓励和安慰团队成员，这就是感性管理的表现。

另外，感性管理同样可以展示领导者的心胸和志向，升级领导者的管理模式。

正如IBM公司创始人托马斯·J.沃森，在1914年他创建IBM时就为它确立了IBM（International Business Machines：国际商业机器公司）这个名字。当时的社会，一个小小的公司取这样一个名字令人觉得好笑，但是IBM公司从一开始就采用国际化的管理方式，保持人性管理宗旨，坚持国际化的待遇，最终IBM成为世界上最大的信息工业跨国公司，员工人数超过30万，分公司遍布全球160多个国家，成为当前行业内的统治者。这是一种感性管理方式，也是一种领导力的体现。

在此，我们还要了解从感性管理升级为感性领导的过程：

1. 凝结团队氛围。团队在惯性管理下产生的气氛非常宝贵，往往在这种氛围下团队更具竞争力。领导者应该将这种氛围凝结，转化为团队精神，这是感性管理走向感性领导的第一步。

2. 情绪激发。领导者在感性管理中应该学会一种团队情绪激发的方法，并懂得合理运用这种方法挖掘团队潜力，提升自己的团队掌控力，从而达到一种精神领导状态。

3. 团队文化。很多领导者都会苦恼一个问题，这就是团队文化的确立。一个没有团队文化的团队无法统一思想，而没有统一思想的团队不利于领导，因此团队文化是必须的，也是必要的，但是领导者不应该去寻找外在文化，而是总结出由内而发的团队自我文化。这种文化完全可以在感性管理中总结得来。

　　领导者的察觉能力、创新能力、感性管理能力汇聚成了完整的感性领导力。这种感性领导力是领导者必备的认知，也是必备的素质。只有具备了感性领导力，才能确保领导力的活力与特色，才能展示领导者的风范与风采。

Leadership

- ➤

第二节　领导者必备理性认知

◄ -

上一节我们讲述了感性领导力的生成与提升，感性领导可以帮助领导者辨别团队未来发展方向，而此时我们将要探讨的领导者理性认知，可以促使领导者更好地驾驭团队，更好地挖掘团队潜力。

斯坦福大学对领导力研究数十年来，总结出一条珍贵的定律，这就是领导者必须具备积极、理性的自我驾驭能力，才能够获得成功。这一定律与我们上面提到的感性领导力没有丝毫冲突，而是在阐述一个道理，领导者在富有感性思想之时，必须赋予理性行动，最终思想才能转化为领导力。

斯坦福大学公开课中对理性领导力的诠释并不鲜明，但是我们却可以从这些成功领导者身上获取经验。成功的领导者虽然情感不一定丰富，但是应对外界环境因素时却可以处理得井井有条，驾驭生活、工作理性到位，完全可以做到自主、自我，由内而外地主宰相关的一切因素。我们一起来总结几条领导者的理性认知。

第一，理性规划。理性规划是所有领导者都在思考的共性问题，如何把忙碌的生活进行正常的规划，如何缓解工作造成的"时间饥荒"，如何面对各种突发状况，这些都需要理性的规划。

其实，领导者理性认知的第一点，就是理性认知自我。当领导者可以保守、理性地认知自我之后，就可以调节团队的发展节奏，无论是快是慢，都会得心应手。因为领导者的自我认知，可以帮助领导者从疲劳被动地跟随团队转化为主动掌控。

第二，理性接收。所谓理性接收主要是针对领导者对外在意见的取纳。正如斯坦福大学领导理论所言，领导力是在不断地批评与打击中形成的。中国古代思想家孔子也曾有"三人行，必有我师"的名句。领导者在理性认知自己之后，就应该学会理性认知他人，至少做到理性认知他人的建议。

很多领导者不敢放宽团队的话语权，这种行为导致领导者自身形象受损，领导力度锐减，只有不怕批评的领导者才能够获取更多的成功。

第三，理性自控。当领导者提升、运用感性领导力之时，必须确保一个必要条件，这就是感性领导力的范围一定要保持在理性自控范围之内。换而言之，领导者的感性思想必须用理性方法来转化。

第四，理性自制。任何领导者都必须具备强大的自制力，不仅严格要求自己，还要抵抗外界的诱惑。斯坦福大学的这些成功领导者全部经历了 2008 年的世界经济危机，但是这些人所遭受的损失相对于其他同行而言非常微小。这就是一种理性自制的结果，在经济膨胀阶段，被利益冲昏头脑，无限扩大生产的领导者受到了惨痛的打击，而理性有节奏发展的英明领导者却可以带领团队在逆境中生存、发展。

这几点最基本的领导者理性认知看似平常，却不可忽视。我们可以从大多数成功领导者身上找出这些相同的品质，也可以从失败的领导者身上分析出缺乏的理性认知。上一节中我们还提到了管理和领导是不可分割的整体，而领导者理性认知中，理性管理同样是提升领导力的主要方法。现代管理学之父彼得·德鲁克曾经说过："领导者既需要通过并协同上司完成任务，也需要使部属的绩效能够充分展现。"并且彼得·德鲁克还在《管理实践》中提出团队管理与领导者的自我控制是相互结合、不可分割的。

领导者的自我控制，就是我们今天所要学习的理性管理，也是斯坦福大学这次公开课中重点强调的管理方式。约翰·科特教授与史蒂芬·柯维博士在关于领导力的讨论中有这样一条共识：现在的团队领导者，往往管理过度，而领导不足。而大部分管理过度正是因为领导者未能把握理性管理的方式，最终被管理成为团队成员获取现实利益的交换条件，管理者也无法成长为领导者。

美国哈佛商学院曾经发表过这样一篇文章《不要过分相信直觉》（*When Not to Trust Your Gut*），文章中指出，很多领导者的直觉往往会造成一些偏见，影响正确、客观的判断。如果领导者可以根据理性思维思考问题，则可以减少很多领导失误，并且这篇文章还提出了四种提升领导者理性思维的策略。

第一，将所有需要理性思考的问题按照情况紧急程度分类排序，制作一个长期的工作日程表，把每个需要理性思考的问题在不同的时间、不同的情景内总结出不同的答案，进行对比之后就可以发现，如何选择才可以获得最大的领导成果。

第二，时间压力转化为思考动力，而不是思考负担。当领导者面对紧急情况之时，应该认真思考非常重要的一点，那就是我们此时做出的决定是否出于理性的思维、完善的思考，如果不是，领导者应该积极思考决策有何遗漏，管理方法有何弊端，而不是盲目地思考结果。

第三，理性与耐性并存。当领导者无法平复心绪，无法做理性判断之时应该进行短暂的休息，而不是运用直觉思维解决问题。只有耐心消化了大脑中的各种问题因素，才能够作出正确的决断。

第四，多角度看待问题。理性管理的重点就在于此，从不同的角度审视自己的管理思想、管理策略。领导者不能局限于自身的角度，应该从团队成员的角度、旁观者的角度思考自己定下的管理策略是否完善合理。

这四点理性管理思维策略与斯坦福大学这次领导力对话中提到的管理策略不谋而合，也许我们看到的是斯坦福大学公开课中各位成功领导者利用自身因素创造了诸多奇迹，但是他们每个人身上都具备着上面提到的理性思维。

领导者必备的理性认知是领导者激发团队发展的源动力，因为管理与领导的最大区别就在于用心的程度。用制度、条例带动团队运作是管理，用心指引团队发展是领导。

领导者所面对的是一个个具有生命、富有思想的人，用交换利益的方式与之相处是错误的方式，而在一定的规则下激发团队成员的内在动力，使他们的天赋、才能得到发挥，并满足各种需求，可以增加团队成员的奋斗热情。而这就需要领导者具备感性与理性的认知，并将两者有效地结合起来。

在此我们分析一下领导者感性认知与理性认知的关系，并讨论两者的结合方法。

其实，了解领导者感性与理性认知的内涵后，我们已经清楚了两者的关系。感性认知趋近于领导者的思想，理性认知善用于领导者的行动。两者虽然处于平等的地位，但是是一种承接的关系。领导者具备感性认知是为了更快、更好地带领团队发展，这也是领导者快速提升领导力的必要条件。而理性认知是领导者带领团队发展的安全保障，确保领导者的感性程度控制在受控范围之内。

两者的结合方法也非常简单，用斯坦福大学领导力理论解释为：感性认知为基础，理性认知为策略；理性认知为基础，感性认知为升级；感性认知与理性认知为思想，团队发展为实践。

Leadership

第三节　如何定位自己的领导力

我们看完斯坦福大学领导力对话的公开课后，是否都有这样一种想法：如果这样的公开课可以多开设几次，我们的领导力必然能够获得质的提升。在我们产生这种想法之时，还存在一个疑问，这就是我们是否了解自己领导力的程度，又是否掌握了定位自己领导力的方法？

目前有很多领导者采取不同的方式定位自己的领导力，比如找领导学导师进行一对一的讲解定位，又如拿自己的成就与其他成功领导者进行比较。这些真的是正确的方法吗？显然不是，领导力的定位因人而异，换而言之，领导者自身的领导力只有自己才能确定。

其实，定位领导力并不困难，只需要我们反思自己对领导力的感悟就可以得知自身领导力的程度。我们来一起分享一下美国纽约前市长朱利安尼在一次科技论坛中的讲话，从这段讲话中朱利安尼彻底被他人承认了领导者的身份。

作为当年九一一事件的英雄人物，朱利安尼出席了美国拉斯维加斯的一场科技论坛，这场论坛中受邀前来的全部是全球知名的产业巨子，是一位位成功的领导者。但是朱利安尼为什么会受到邀请呢？朱利安尼用自己的一段批注，解释了自己出现的原因："不管科技怎么创新，企业怎么因应变局，始终回归人性领导。"

朱利安尼在论坛中进行了 30 分钟的人性领导演讲，多次使全场 2000 多人欢呼雷动，而这并不是因为他的幽默与诙谐，也不是因为他的诚恳与高尚，而是因为他对领导者独特的诠释，对"领导"二字透彻的分析。

朱利安尼在演讲中提到：要想成为一个卓越的领导者，必须具备五种品质。这五种品质是领导者成功的秘诀，也是领导者自我审视的标准，而且这五种领导者品质适用于各种阶层、各个岗位的领导者。

第一，领导者必须具备哲学理论。

领导者必须具备自己独特的哲学理论，如果一个领导者听到他人的成功理论就感觉好，看到他人的成功经历就表示羡慕，那么他永远不能成为领导者，只能是追随者。因为每个领导者都拥有独特的人生，所以他们拥有不同的方向。历史中任何一个成功的领导者必然拥有他独特的思想，这些伟大的想法就是他们影响世界的动力。

例如马丁·路德·金，他表现的勇气、未来愿景，以及不曾动摇的信仰，影响了无数黑人，也影响了全世界。

第二，领导者要有勇气。

20 世纪 90 年代末期，很多人对"领导者"和"服从者"存在一种误解。例如，当一个领导者想要举办一场演讲时，提前做了现场调查，调查结果显示现场大部分人想要听到关于某一个话题的解说，于是这个领导者就沿着这一方向，满足听众的需求进行了一次演讲。然而无论这次演讲是否成功，这一领导者已经扮演了"服从者"的角色。

什么原因导致了这样的现象？领导者缺乏勇气。领导者是先驱者，就应该敢想敢做，即便应该做的事是违背大多数人意愿的，也要坚持信念。

虽然恐惧不会因为勇气而消失，但是勇气可以促使领导者开创很多成功的未来局面。例如，当一位消防队员进入火场之中，即便他受过专业的训练，他依然会产生一种恐惧，但是当他鼓起勇气战胜恐惧之后，他就成就了自己，也拯救了他人。领导者也应该如此，懂得如何管理自己的恐惧。这种管理并不是将其抛之脑后，不闻不问，而是记住它、面对它，并战胜它。

朱利安尼被称为"九一一英雄"的重要原因并不是他在九一一事件中的成就，而是当九一一过后，他依靠自己的勇气带领更多人战胜了恐惧，并走向强大。领导者也当如此，在这个时代中，无论我们遭受怎样的挫折、怎样的失败，我们都必须坚定"站起来，走下去"的信念，因为这个时代需要很多的勇气。

第三，领导者要有所准备。

卓越的领导者不仅要知道自己当前该做什么，正在做什么，还要对未来的事做好准备。朱利安尼在担任纽约市长之前对纽约的了解并不深，于是他选择用一年半的时间去了解纽约，了解纽约的每一个角落，当他认为自己具备担任市长的条件后才上任。

在任职纽约市长之后，朱利安尼所做的第一件事就是根据自己对纽约的了解，整改了多项安全防护措施，虽然这些整改令很多人感到不解，但是他相信，一旦这些整改派上用场，那么很多危险情况就可以避免。领导者对未来有所准备，是一项必要的品质。

第四，领导者要善于沟通。

时代在变化，万物在发展，怎样才能成为新时代中卓越的领导者呢？这就要求在领导者需要的时候团队会主动告诉领导者发生的情况，在团队需要的时候领导者可以带领团队发展壮大，而这就需要两者之间具备良好的沟通。

沟通方式多种多样，相信每个领导者都具备一种独特的沟通方式，而在这里我们需要提到的沟通重点就是诚实，只有诚实不敷衍的沟通才能促进领导者与团队的关系，才能保证团队的发展节奏。

第五，领导者要学会与团队合作。

领导者与团队不是分割的，领导者也不是独立的。团队如同组织，领导者就如同这个组织的系统。因此领导者需要协助团队运作，并学会保持团队的平衡。

当朱利安尼刚刚当上纽约市长时，纽约市内存在很多严重的问题。比如不断攀高的犯罪率，还有 20 多亿的经济赤字预算。单单依靠朱利安尼一个人是无法解决所有问题的，这时他最需要的就是默契的团队。在与团队的配合过程中，领导者需要做到非常重要的一点，这就是平衡：优点与缺点的平衡，人员分配上的平衡。例如朱利安尼本身性格非常急躁，于是他选择为自己配备了一个非常有耐心的助理。两人共事 18 年来，朱利安尼的助理对他说得最多的一句话就是：慢一点儿，耐心一点儿。

这就是一种非常重要的平衡，在这种平衡的保持下，朱利安尼不断提升自己的能力，造就了一个卓越的团队。

以上这五点领导者的品质非常可贵，当朱利安尼讲述完这五点品质之后，这次论坛中的所有人都被他触动了，朱利安尼也成为著名的领导者，从而得来了"领导巨匠"的称谓。我们从这次珍贵的演讲中看到了什么？领导力展示。

如果一位领导者可以像朱利安尼一样将领导力诠释到这种程度，想必他对个人领导力的定位也十分准确了。因此，我们对领导力的定位无须采用外界的方式，只需要对领导力进行深入的研究与探索，在实践中总结出符合自己的领导力哲理、领导力含义，并把这些理论转化为现实的领导力量。

每个领导者身上必然存在领导力，我们不必费力地找寻它，定位它，只需要对它产生浓厚的兴趣，并运用它创造外界的成就，那么我们的领导力就会得到外界的公认，我们的领导思想就会得到团队认可，我们的未来也必然会有所斩获。

Leadership

领导者都希望提升自身的领导力，我们也提出了很多领导力提升的方法，但是仍然有许多领导者无法有效提升自身领导力，因为他们虽然知道领导力的提升方法，却找不到与自身符合的切入点。

有人说领导力是与生俱来的，也有人说领导力是后天培养的，其实这都不重要，我们不用纠结领导力从何而来，我们只需要明白领导力为何而生就行。斯坦福大学领导力理论中有这样一句经典的评论：虽然我们需要了解领导力的含义，但是我们不必致力于领导力的理论，而是应该思考如何运用领导力。

很多领导者着力于提升自己的领导力，然而这种提升大多是针对领导力的理论，而不是运用。其实只有应运而生的领导力才能够完整地切合在领导者身上。因为外界给予领导者的领导理论，大多是原则性、理论性的，往往很难运用到现实团队成员领导当中，很难融入领导者独特的风格中。

那么是不是学习领导力理论就没有必要呢？当然有，而且十分重要。只不过我们在学习领导力理论之时，还需要附带一种思想，这就是如何将这些理论领导力转化为现实领导力。就如同我们无须纠结领导力从何而来，只要思考领导力为何而生一样。

这种领导力运用的思考需要领导者一边学习一边摸索，将各种高端的领导理论融合到自己的领导风格中。

首先，领导者对领导理论的学习不要纠结于从领导理论中学会了什么方法，获得了什么成就，而应该在意我们从学习中开拓了怎样的领导格局。而想要开拓全新格局之前，需要领导者自身先具备三种领导者素质。

第一，开阔的心胸。领导者的心胸代表领导者的城府与包容力。领导者必须先学会容忍令自己抵触的人群，这是领导者建立和完善团队的基础，只有完善的团队才能够令领导者的领导力稳步提升。

另外，领导者的城府与包容力还包括领导者敢于任用一些能力高于自己的人，而不惧怕被这些人取代位置。只有首先打造强盛的团队，才能成就强大的领导者。

第二，缜密的思维。领导者必须具备缜密的思维，对领导力的学习才能有所成就。相信任何一个具备缜密思维的领导者都会发现，领导力从何而来并不重要，重要的是我们的学习应该用在何处。

缜密的思维是指领导者可以分清界限，懂得取舍。在领导力学习过程中，领导者应该明白哪些是自己可以直接运用的，哪些是可以间接运用的，又有哪些是与自己面临的情况不相符，短时间内运用不到的。很多领导者通过学习领导力理论却无法及时提升领导力的主要原因，就在于他们虽然懂得这些理论的优点，却不明白优在何处，好在哪里。

因此，领导者必须具备缜密的思维，才能够懂得领导力究竟应该用在何处。

第三，理论的延伸。理论的延伸与理论的运用不同，因为理论运用是指理论与现实结合，而领导力是一种持久延续的力量，随着社会的变化，领导力的表现方式、主导思想都会产生差异，因此领导者要懂得理论的延伸，把理论的精髓之处与未来团队的发展相结合，如此领导者才可能具备持久的领导力。

当今社会，领导力匮乏的现象十分明显，这也是诸多企业平均寿命短的主要原因。但是，一味的理论知识无法改变这种现状，想要成为目前为数不多的成功领导者，我们就必须学会并懂得如何最快捷地提升领导力。

谈到提升领导力，我们就必须明白领导力究竟为何而生。有些人认为领导力是为领导者而生的，是领导者专属的力量。这种思想导致领导者在领导力学习阶段观点过于片面，思想过于单一，最终领导力很难在现实中得到转化。我们要明白领导力是一种双向链接，只要有领导力存在必然会出现领导者与服从者，而领导力主要针对的对象不是领导者，而是服从者。然而领导力也不是为服从者而诞生的，领导力出现的目的是达成领导者与服从者两者共同的愿景。

既然我们明白了领导力诞生的目的，就同样应该明白领导力表现的方式与地点。领导力主要可以分为五大方面：

第一，思考能力。思考能力是领导者带领团队前进的主要动力，正如斯坦福大学公开课中所提到的，斯坦福大学对领导力的探讨不是为了令领导者有理论依据，也不是为了提供模仿成功领导者的途径，而是为了引起领导者的思考，完整的独立思考，如何审时度势，如何成就霸业。

第二，不变的信念。领导者首先要表现得坚强，只有坚强的性格、坚定的信念才是领导力的载体。很多领导者缺乏的往往就是坚定的信念，顺势发展，逆势哀叹。这就是缺乏坚定信念的领导者，这种领导者无论怎么样学习领导力的理论也不会产生多大效果，因为在逆境条件下，这种领导者会主动放弃发展，从而走向失败。

试问今日诸多成功的领导者中又有几个领导者是在一帆风顺中诞生

的？谁没有经历过磨难？所以我们说领导力的表现方式之一就是帮助领导者保持坚定的信念。

第三，决策力。领导者必然要具备优秀的决策力，这也是领导者最基本的能力，一个优柔寡断的领导者无法发挥出合格的领导力。领导者的决策就是可以用一个固定的方针解决很多问题，一个有决策力的领导者可以为团队发展带来胜利的保障，这就是决策力的重要性。然而优秀的决策力是从领导力中提炼而得的，也可以从领导理论中总结而出，这就是领导力的展示。

第四，语言表达能力。任何一个想要提升领导力的领导者都可以感受到一件事，这就是在领导力提升过程中，最先得到提升的是人际沟通能力。具有良好沟通能力的领导者可以提升全局观、概念观，增加条理性，并且可以捕捉到对方话语中的关键点，在不断的提升中获得非常清晰的逻辑整理能力。

第五，人际关系。领导力的提升对于人际关系的培养有很大帮助，这些并不是因为单纯的沟通能力提升得来的，而是在一些默契、愉快的合作中获得的，这些人际关系的拓宽对于领导者而言是一种财富，一种发展便利，而这一切的前提就是领导者不断提升自己的领导力。

我们在斯坦福大学公开课中看到的领导者，他们存在一个必然的共同点，这就是对领导力的感激与尊敬。这些成功者都获得了卓越的领导力，也对领导力有了不同的认知，有了不同的诠释，但是他们还在追求领导力更高的境界，这是因为领导力带给他们的感受是无限的精彩，也是他们放弃追寻领导力来源，而用心钻研领导力为何而生所斩获的成就。

Leadership

你是在管理企业，
还是在引领企业？

Leadership

Leadership

第一节　团队是依靠拉动还是推动

　　现代管理学之父彼得·德鲁克曾经说过："团队、组织的目的就是让平凡的人做出不平凡的事。"一个团队永远离不开出色的领导。一个英明的领导者需要在心理学、社会学、政治学等领域有所造就，他才能在管理学中有所领悟。

　　在斯坦福大学中，领导学课程主要探讨的是团队中的各种问题，领导力的形成主要取决于领导者能否把管理、带动、引领从个人延伸到团队，甚至延伸到社会当中。正如耶鲁大学校长所说："领导力是一种由个人到他人的源动力，是团队达成目标的保证。"而这也是斯坦福大学"一次领导力的对话"公开课所想要传达的东西，是对领导力的一种诠释。

　　既然领导力是一个团队的灵魂，一个团队的根本，那么领导力是如何在团队中发挥作用的呢？团队是在领导力拉动下前进还是在领导力推动下运作的呢？

　　很多人认为领导者必然是一个带头者，必然是一个身系万千的带动者。这种观念并没有错误，而错误的是领导者本身从带动者演化为拉动者。加入一个团队是在依靠领导者个人的拉动，那么这个团队的步伐必然艰辛万分，其成果也必然令人失望。

从斯坦福大学这次公开课中我们看到了多位世界著名领导者的领导艺术，从他们简单的谈话中体会到了领导力的魅力。如果我们此时感觉团队已然成为我们的包袱，我们一个人背负着万钧重担在艰难前行，那么我们需要思考以下几个问题，来改变我们的领导方式：

1. 我们所期望的团队应该呈现什么状态？

2. 现实中的团队又是什么样的状态？与我们期望的状态有多大差距？

3. 在我们的理想团队中，我们应该发挥怎么样的作用？应该出现在团队中的哪些位置？

4. 总结，我们在现实的工作中做了哪些"多余"的工作？

理清这四个问题可以帮助我们从拉动团队走向推动团队，这就是我们从斯坦福大学公开课中领悟到的领导力提升方法。

首先，清楚理想中的团队状态可以帮助我们找出当前团队失利的问题所在。团队的不足在于我们带领的方式不对。正如斯坦福大学公开课视频中所提到的，一个领导者的作用体现在团队的实力增长，如果领导者一时不能做到这一点，那么领导者会感觉到很累，团队中所有的压力都会挤压在领导者身上。这时我们需要做的并不是告诉团队中的每一位成员去做什么，而是应该教导团队中的每一位成员应该怎样做。领导者正如雁群中的头雁，假如雁群中还有成员不会飞，我们告诉他们应该飞向何方又有何用呢？

其次，清楚我们团队现实状况和理想状况的差距可以让一个团队更系统地提升能力。也许很多领导者都会遇到这样一种情况，某一位团队成员个人能力非常出色，然而把他放到一个团队当中却发挥不了他应有的作用，甚至使得团队整体的能力削减。这就是团队缺乏正确领导的典型情况。

中国有一句古语："君子生非异也，善假于物也。"意思是聪明的人要善于利用资源，让优越的资源为我所用，这同样是当代优秀领导者必备的能力。也许我们善于发现资源，然而却不懂得如何利用资源，在这里我们同样可以从斯坦福大学公开课中找到答案。

斯坦福大学公开课"一次领导力的对话"中关于这种情况有一个明确的定义。斯坦福大学校长约翰·汉尼斯在讲述这种情况的处理时说过："很多领导者对于有才能的人无法在自己的团队中发挥作用表现得非常懊恼，往往会采取一种非常愚蠢的处理方式，就是批评犯错者。其实，最应该批评的人是自己，因为是自己的领导方式有问题才会导致这种情况发生。

"通常发生这种状况的原因有两个：第一，是领导者未能充分了解自己团队的需求；第二种则是领导者没能给团队中的成员安排合适的位置。而如果这两个条件全部满足了还会发生上述情况，那么则是这位领导者的眼光存在问题。归根结底，领导者有着不可推卸的责任。

"那么怎样做才是正确的呢？当然是在你的团队还不会跑的时候不要选择用奔跑拉动团队前进，而是应该从后面推动团队学会步行。正如有才能的人无法发挥才能一样，如果我们给了他合适的位置，恰恰他的能力也满足了我们的需求，那么即便他是平庸者，也必然可以加速团队的前进。"

所以说，当我们清楚理想团队和现实团队的差距后，我们就可以找到恰当的领导方式，这就是变拉动为推动。

再次，有些领导者过于"勤奋"，这同样是导致团队无法正常运作的原因之一。领导力的发挥同样存在一个度，就像我们在公开课视频中看到的各位领导者一样。他们幽默诙谐，常常一语中的，对各位领导者的领导力提升起着指点迷津的作用。但是我们可以发现一个特点，这就是这些领导者话语非常简单，在点明关键之处后往往会留给我们思想延伸的空间。

这就是我们带领团队成员的最佳方式，假如我们把所有知识全部传授给团队成员，那么这则是一种拉动方式。而团队成员在领导者拉动方式下往往会选择跟随或是模仿，如果我们可以让团队成员自由发挥，在关键的时刻进行指点，那么这则是一种推动，往往可以激励自己的团队成员，产生超越的冲动。

因此，领导者必须清楚应该在何时出现在团队中的何地，发挥何种作用。

最后，领导者的思考。工作中有何"多余"的行为，这种"多余"是指一种束缚和控制。这就是从斯坦福大学中对比出的中国领导力的缺陷。很多领导者长期的经验积累会为自己带来一种盲目的自信，这种自信导致自己会做出错误的抉择。因为这些领导者会教导团队成员，自己的方法是从经验中得出的，这些经验是自己最宝贵的财富，是他人无法拥有的，因此自己的方法也是最佳的。

这是中国领导者惯有的错误观念、错误领导方式。领导力不是促使他人模仿自己，跟从自己，而是激励他人配合自己，帮助自己。领导者的所有成就都是建立在团队的拥护之上的，因此，斯坦福大学公开课视频中诸位成功的领导者才会在每一次发言之时都会由衷地感激自己的团队、自己的员工。

团队运作需要管理，团队提升需要领导，而管理需要方法，领导需要策略。当领导可以在恰当的时机选择恰当的方式令自己的团队发挥最大作用时，那么这就是他领导力彰显的时刻。

警醒之言：
领导工作需要我们以积极的方式去影响别人，首先是影响你的队员们。如果你惹恼、激怒或者疏远你想影响的人，怎么能完成这项任务呢？我常常批评队员们，但我会极力避免个人攻击，使人尴尬，或是进行贬低性的评论，这些行为会让他们更不可能把我的批评放在心上。

—— 牛津大学管理学箴言

Leadership

--▶

第二节　团队是如何带动的

◀--

通用电气原董事长杰克·韦尔奇曾经说过："在一定组织中的管理者，运用一定的职能和手段来协调他人的劳动，使别人与自己一起高效率地实现组织既定的活动进程，这才是成为领导者的基础条件。"

我们在上面讲到了，特殊阶段内团队是需要推动而不是拉动的，而这一特殊阶段是指团队内部出现基础问题，无法正常运作，或者是因为团队内部无法协调发展而造成的成长阻碍，这时团队领导者需要表现出领导者的风范和智慧，用推动的方式改变团队现状，提升团队的品质。

那么当团队可以正常运作，具备一定的基础实力后，作为团队的领导者，我们应该如何带领团队走向成功呢？是选择拉动还是带动呢？必然是带动。无论领导者的拉动还是推动都是团队被动的受力行为，而受领导者鼓舞，遵循领导者的意愿，跟随领导者的方向，被领导者带动则是一种不折不扣的主动奋斗行为。

从斯坦福大学的公开课中我们看到了多位成功领导者的领导智慧，我们在汲取他们每一位的成功经验之时，可以从这些领导者身上总结出五点重要的领导特质。

1. 行动为先，理论为后。

2. 重视时间观念。

3. 谋略者，雄辩者。

4. 具备疯狂的思想。

5. 引导能力。

从这些成功领导者的五大共同特质中，我们可以看到这些领导者身后忠心、强大的团队，可以感受到一种强烈的压迫感，这并不是来源于这些领导者身后强大的力量，而是来自领导者自身。

从而，我们得知，成就卓越的领导者就必须学会带领自己的团队，成为团队的带动者、引领者，这五大领导者特质，也成为我们带动团队的基础学识。

行动为先，理论为后

卓越的领导者想要带动团队就不能只说不做，只说不做会使很多领导者走入失败的误区。正如斯坦福大学校长口中提到的某些愚蠢的领导者，当他们遇到问题时，很自以为是地制订出方案交给自己的团队，而自己却置身事外，当团队遇到困难时，则开始责备团队无能。这样的领导者是无法成为团队的领军人物的，最终只能沦为走向失败的管理者。

领导者在带领团队发展的旅途中必须身先士卒，不仅是谋士，而且是勇士，永远站在团队的前面，这也是从管理者走向领导者的必经途径。

无论拥有多么高端的策略，解决现实问题才是目的。因此，领导者的理论在付之于行动之前全部是空谈，只有了解现实中遇到的各种问题，才更容易把握团队发展的方向。

好比乔布斯创造了苹果，很多人把乔布斯的成就归功于"创"，而乔布斯最大的努力却是在"造"上。

重视时间观念

我们通过斯坦福大学的公开课可以看到，每个领导者的话语都很简洁明了，给人一种一语中的的感觉。无论是幽默的讲话还是彼此的探讨，我们很少会在他们之中发现任何多余的动作，甚至是多余的表情。

这是一种在紧凑时间观念下养成的良好习惯。成功的领导者在带动团队时决不能为团队带来拖延的感觉，无论面临的情况是否紧急，拖延永远不会出现在一位成功的领导者身上。

中欧国际工商学院的管理学教授大卫·得克莱默曾说过："拖延是损害领导者决策力和效率的主要杀手。"领导者的一次拖延很容易造成团队的十次拖延，甚至在团队中滋生懒惰感。因此，我们在公开课中见到的每一位成功者，他们永远都表现得那么"着急"，如此干练。

谋略者，雄辩者

一名成功的领导者必然具备缜密的谋略思维和雄辩能力。这毋庸置疑，我们都曾听到过多位成功领导者的著名演讲，如果我们还会认为这些领导者演讲的成功是因为他们的演讲稿精彩，那么这就证明我们还不具备完整的领导能力。

假如我们手中也有这样一份演讲稿，我们能不能做出更成功的演讲呢？不能，因为这是谋略与雄辩智慧的结合。也许我们从斯坦福大学公开课中听到的故事多，看到的现实少，但是我们可以从他们的话语中感受到一种能力，一种融会贯通的能力。

这些领导者可以把每一次经历、每一次成功与理论结合得十分巧妙，十分到位，甚至很多领导理论都是我们熟知的，然而却并不明了应该如何应用。

谋略，是指我们将理论用于实际，用思想克服现实问题。雄辩不是用实际总结理论，而是一种说服力，一种感染力，一种带动力。有谋略的领导者有实力，但是有谋略又具备雄辩能力的领导者才真正地具备带动力、领导力。

具备疯狂的思想

想必很多领导者都有过疯狂的思想，例如蛇吞象、垄断行业等，然而却很少有人敢于把这种想法称之为理想，大多只是当作幻想而已。

具备疯狂的思想是成为卓越领导者，带动团队急速发展的前提条件，这并不仅仅是因为理想的远大，而是思考问题的角度大局化、远见化，不易被眼前的问题困扰，不会因为眼前的利益而停滞不前。

我们在斯坦福大学公开课看到的视频中透露了一个实际问题，这就是所有成功领导者都是从默默无闻或者经历了无数次失败成长起来的。这一过程中也许他们未曾随时保持着疯狂的状态，但是他们从未想过满足、停止、放弃。

如果一位领导者感到了满足，放弃了发展，那么这就代表他放弃了自己的团队，甚至放弃了领导者的身份。团队的跟随是因为领导者可以带给他们更好的未来，当领导者不思进取之时，对当前的规模、时态表现出满足之时，团队很有可能弃他而去。

引导能力

当一位领导者拥有实力雄厚的团队之后，想要不断地成功还需要具备一种非常重要的特质，就是引导能力。所谓引导能力并不是指如何指引团队跟随自己发展，而是指如何激发团队的潜力，增强团队的实力，寻求一种共同发展。

很多领导者中途的失败都是因为缺乏这种能力，过于相信自己。带动团队并不是指单纯地控制团队跟随自己的意图和思想，只有成为一种互补关系，团队才能发挥实力，领导者才能发挥作用。例如我们开篇提到的通用电气原董事长杰克·韦尔奇，其实很多人对他并不了解，然而很多人了解通用电气。但是当我们问通用电气团队中的每一个人时，他们都会对杰克·韦尔奇表示出崇高的敬意，并把通用公司的多项成就归功于他，这就是一名成功的领导者。

也许杰克·韦尔奇不是一名最终的成功者，因为他成就了通用团队之后选择了离开，但是他是一名合格的领导者，他让通用团队发挥了最大实力，同时满足了团队的要求。这就是领导者引导能力的展示。

带动团队是每一个领导者的任务，也是领导者的理想。因为有团队才有领导者，有团队领导者才会成功，当一位领导者具备了领导特质后，他才能学会如何带动团队。

> **警醒之言**：
>
> 人们在一起可以做出单独一个人所不能做出的事业；智慧、双手、力量结合在一起，几乎是万能的。
>
> ——韦伯斯特

Leadership

第三节　团队的生存与灭亡

相信很多领导者都听过这样一句话："我是一个兴风作浪者，我相信这可能是我成功的主要原因，我做了每个人都认为做不到的事情，而且我做这些事情的方法，使每个人都说我疯狂。"这句话来源于美国作家吉诺·鲍洛奇。而我们上面也提到了具备疯狂的思想是成功领导者的一种特质，然而我们现在却要探讨一下为什么很多领导者遭遇惨痛的失败就是因为思想过于疯狂。

简单地说，这些领导的失败，并不在于他们疯狂的程度，而是因为他们在疯狂之时失去了理性，丧失了判断能力，变得盲目不堪。很多团队的灭亡并不是在困境中，而是在巨大的利益面前，其中不失许多优秀的团队。

近年来，国际电子市场中三星以异军突起之势迅速扩大，而老牌的日本高端科技品牌索尼、松下却开始衰败。为此很多记者采访了日本经营之圣稻盛和夫。得到的答案全部相同，这就是在巨大的利润面前，索尼、松下等品牌开始变得疯狂，变得一切向利益出发，变得失去了自己最大的优势。

当索尼、松下当红正热之时，这些企业选择了把发展的重点转向生产，大力扩大产量以求更多的利润。然而，这时苹果、三星却在蛰伏，在寻求突破。当苹果时代到来，三星随之跟进之时，索尼、松下等品牌再寻求改变已经为时已晚，所以才会产生今日的局面。

我们必须说，这些落败团队的领导者有着不可推卸的责任，他们失去了一个领导者应有的判断能力。团队的发展过程中无论何时何地都伴随着危机，当领导者眼中只看到利益，而忘记领导者的本职之时，团队极有可能走向灭亡。

斯坦福大学公开课中讲到了这样一个问题，团队想要长久生存，这与团队的领导者有着密不可分的关系。虽然多位成功领导者对此发表了不同的见解，但是我们仍然可以从中总结出几条宝贵的经验。

1. 领导者的决策力。

2. 团队的竞争力。

3. 领导者的学习力。

4. 领导者的反省力。

5. 领导者的战略力。

这五点影响到领导者和团队命运的关键点，直接关系到团队的核心问题。团队的生存发展、落败灭亡全部体现在领导者的这五种特定能力上。而这五种能力又是领导者智慧与思想的聚合，是团队最基础的竞争力。

领导者的决策力

相信我们都有过这样的经历：当我们从管理者转化为领导者的过程中，遭受失败的概率会大大增加。无论我们如何提升自身的能力，也无法把所有事都做得完美，这就是领导力不足的表现。而大多数人领导力不足的主要体现就是决策能力不够。

领导者的决策能力是一种学问，也是一门艺术。很多领导者正是因为具备了强悍的决策能力才给他人留下智者、强者，可以预知未来的印象。其实，领导者决策力的培养并不困难。虽然领导者的风格各不相同，但决策力的培养却可以相通，就是要培养理性分析能力，在理性分析事物的基础上，增加胆魄，敢于面对，承担风险，在缜密的思维下建立长远的计划。如此一来，领导者的决策能力便可以渐渐体现出来。

而在决策能力培养的过程中，有一个误区是领导者必须规避的，这就是独断专行。领导者的决策能力虽然是建立在打倒他人决策的前提上的，但是这种打倒不等于完全地否定，决策力中也包含一种借鉴。在他人提出反对意见时我们要学会汲取他人不同意见中的精髓，成功做到这一点的基础就是领导者的心胸宽广。

团队的竞争力

美国麻省理工大学（MIT）斯隆管理学院资深教授，国际组织学习协会（SoL）创始人、主席彼得·圣吉曾说过："一个团队在发展过程中所获得的成功，或是失败，都依赖于一个整体，而并非局部。"

而一位领导者无论多么成功，失去了团队的支持则很有可能变得一无所有。虽然领导者是一个团队的灵魂，但是他必须依靠团队的力量才能获得成功，所以他必须了解团队的实力，增强团队的竞争能力。

很多领导者存在一个误区，他们认为团队的实力决定一切，却往往忽略了一个重要的问题，这就是领导者与这个团队的切合程度。领导者与团队的切合程度决定着团队实力发挥的程度。很多领导者在这一关键问题的把握上缺乏控制力，无法保持平衡。主要原因有两个：第一个是对团队的整体实力缺乏了解，思想过于保守，导致团队的竞争力无法最大限度地发挥；第二个则是过于相信团队，任团队随性而为，从而导致团队做出太多无用功。这两个都是我们常见的团队纰漏，也是领导者无法发挥团队竞争力的主要原因。

领导者的学习力

彼得·圣吉教授同样说过这样一句话:"学习型团队是在知识经济时代中应运而生的,学习型团队也是当前世界最前沿的团队之一。要建立学习型团队,领导者起着关键作用。"

现在很多团队领导者都懂得学习的重要性,也会投入一定的精力指导自己的团队学习先进的市场知识,但是很少有团队可以从学习过程中收到明显的成效,这是为何呢?因为学习的方式不对。

领导者认为值得学习的东西不一定适合团队,因为虽然方向相同,但是所处岗位、面临问题不同。很多领导者为自己团队提供的是一些团队成员认为无用的东西,这些东西第一无法直接运用到工作中,第二无法取得实际利益。因此,团队对这些知识的学习基本上无法提起兴趣,团队实力也无法提升。

领导者的学习能力不能只针对自己的成长,更多应该从团队出发,了解团队实力提升的主要途径。如果领导者只是一味提升个人实力,最终结果只能是脱离团队,学习也成为一种对团队的伤害。

领导者的反省力

领导者的反省能力是我们众所周知的基础能力,因为在同一个错误上失败过两次的管理者根本无法成为领导者。

从失败中总结经验从而不再失败,是领导者的基础能力,从失败中反省获得成功的方法才是领导者需要提升的领导能力,这同样关系到团队的生存与灭亡。正如斯坦福大学这次公开课中讲到的领导者获得成功是本职工作,但是在失败中获取成功才是领导者的才能展现。

领导者的反省能力包括三大要素:第一是失败原因总结;第二是困境寻求出路;第三点尤为重要,往往也是最容易被人忽略的,就是吸取竞争对手成功经验,并且在这种经验中寻求超越。只有这三点全部具备才能够称得上具备完整的领导力，才能有效地决定团队的命运。

领导者的战略力

有些领导者分不清决策力和战略力。其实两者的区别很简单，决策力代表着未来的规划，战略力代表着规划的执行方式。有些领导者在关键时刻可以把握主战略方向，却无法达到满意的效果，这就是战略能力缺乏的表现，最终只能导致团队碌碌无为，没有发展。

我们可以从斯坦福大学这次公开课中学到一样重要的东西，这就是团队的任何一次发展、任何一次超越全部是建立在完善的计划之上的。在计划完善之前不要盲目地实施，否则很容易陷入被动局面，与其慢人一时，不能走错一步。领导者的战略能力不仅要有规划，还要具备这样的价值观：

"团队的生存就是领导者的生存，领导者的能力决定这个团队的命运，作为主宰团队生死的领导者，只有具备了领导者应有的才能，才能带领团队走向成功。"

Leadership

第四节　团队：凝聚→管理→领导

从管理者走向领导者的过程其实就是团队从凝聚到发展再到成功的过程，而在这一过程中领导者应该如何作为，有何变化呢？这就是从凝聚走向管理再成功领导。正如美国作家本尼斯所写的《成为领导者》一书中提到的："团队从最初走向成功之后最值得感激的人是领导者，而领导者最初只是团队普通的一员。"

斯坦福大学公开课中向我们展示了多个团队走向成功的历程，我们也从中获取了符合自己的成功方式，根据这次公开的展示，我们可以总结出任何团队成长的必要历程：凝聚→管理→领导。

凝聚

身为领导者，很多人都忽视了最重要的第一步，认为团队是从管理开始的。其实领导者在团队之中应该做的第一件事就是正视凝聚团队的力量，这与领导者在团队中的地位无关。一个领导者即便是站在了管理的位置，甚至领导的位置，如果他没有凝聚团队的基础，那么团队就无法获得发展，更无法取得成功。

团队凝聚力也被称为团队向心力，这种向心行为并不是以领导者为中心，这是斯坦福大学公开课告诉我们的重要观点。团队的向心力是以团队为主体，不仅是成员与领导者之间，成员与成员之间也必须互相吸引，互相帮助。领导者在团队凝聚的过程中所起到的重要作用就是控制与调节，减少团队成员之间的摩擦，加快团队融合速度。

凝聚团队是维持团队生存的必要条件，更是发挥团队潜能的基础，一个领导者如果无法成功聚合团队的凝聚力，那么领导者本身就失去了存在的意义，而团队也无法完成领导者赋予的任务。

美国社会心理学家费斯廷格认为团队凝聚力是领导者确保团队成员追随与跟从的黏力，也可以称为一种人际吸引力。在这里我们需要纠正很多领导者心中的一个误区。如果把团队比作一个正在高速围绕一个中心旋转的球体，那么领导者应该处于什么位置？很多领导者会把自己放在中心的位置，这是错误的想法。领导者应该是球体与中心之间的连线，这种连接确保团队无论怎样高速旋转都不会脱离中心，团队成员不会缺失，团队的发展方向不会改变，而中心永远是团队共同的目标与利益。

领导者培养团队凝聚力可以从三方面入手：

第一，领导者自身的吸引力。这种吸引力建立在领导者可以确保团队发展方向、组织形态和社会位置都符合团队要求的前提下。如果领导者的决断频繁出现错误，那么团队成员必然会产生负面的情绪，从而脱离团队，因此领导者自身实力是团队凝聚力的重要因素。

第二，团队利益获取。很多领导者在利益分配方面往往是先满足自己，才会想到团队。这里并不是要求领导者学会利益分配，而是要分清利益分化阶段。在团队发展阶段，利益应该以团队为重，正如我们提到的比喻，如同围绕中心高速旋转的球，球体加速的前提是球体有了额外的动力，而球体与中心的连线也随之加粗了。

第三，团队成员之间的融洽程度。中国政商界领导者演讲教练柏君先生曾在讲课中提到过："所谓团队，必须建立在互相信任的基础之上，只有满足了这一条件，这个群体才能实现共同的目标和梦想。"

只有领导者将团队成员直接的利益统一，使其关系和谐，营造团队共进的气氛，团队凝聚力才能加深、持久。

凝聚力是团队向上力量的基础。团队凝聚力的产生除了依靠领导者带动之外还有两个方面的促进，这就是内部的竞争和外部的压力。所谓内部的竞争是指团队成员之间的一些比拼，这种竞争不会产生失败者，因为团队的成功代表着双方或者多方的共赢。而这些竞争的发起者应该是团队领导者。优秀的领导者懂得把握分寸，把握时机，统一团队的价值观和利益原则，在这基础上所采取的各种措施，都可以成为团队内部的有效竞争。

外部压力同样是团队凝聚力的促进原因之一，这种促进往往可以被领导者运用到外部竞争中。但是外部压力更多需要伴随利益驱使，当前，团队之间的摩擦与比拼非常激烈，团队潜力的挖掘决定着最后的胜负，即便领导者有能力驱动团队的深层潜力，也需要回报额外的利益，不平衡的利益曲线只能导致团队凝聚力的丧失。因此，外部压力的运用是需要领导者有额外付出的凝聚力提升方式。

管理

相信团队管理是所有领导者都清楚的问题。团队管理是指领导者根据团队中成员的特质、能力进行合理分配、搭配，以提高团队整体实力，实现团队最终目标的过程。

史东和傅立曼（James A. F. Stone & R. Edward Freeman ）的著名作品《管理学》中曾提到建立团队有两种方式：第一是管理人员和团队成员所组成的永久团队，这种团队被称为家庭式团队；第二是由于某种特定问题而组成的团队，这种团队被称为特定式团队。

很多领导者希望自己拥有家庭式团队，然而却在用特定式团队的管理方法管理团队。这也是我们从斯坦福大学公开课中领悟到的管理误区。

领导者都希望自己的团队不是临时的，而是长久的。那么成功的家庭式团队建立需要领导者具备怎样的素质，创造怎样的条件呢？

1. 领导者必须具备团队凝聚力。

2. 团队拥有长久的奋斗目标。

3. 团队成员之间必须产生很好的依赖性和信任感。

4. 团队成员的地位与能力必须相符。

5. 团队成员之间必须具备开放式的沟通，团队成员可以依靠团队解决共同问题。

这五点当中，第一点是我们刚刚讲解过的，第二点是团队成立的初衷，我们重点需要了解的是其他三点，这也是团队领导者应该学会的管理团队方法。

团队成员之间的依赖性不会关系到团队成员的基础生存，而是一种能量提升。这需要领导者合理地搭配团队成员，让团队中人与人的搭配、组与组的搭配都达到 1+1 大于 2 的效果，如此团队成员之间才会产生依赖性和信任感，团队才更容易被管理。

团队成员的地位与能力的关系并不是单一指职位，而是一种主导位置。正如我们前面提到的团队成员之间的搭配，同伴之间也需要一个主导者，而这一主导者的认定是需要领导者通过仔细地观察和了解的，因此领导者在管理团队时一定要保持仔细与谨慎的态度。

最后团队成员之间的开放式交流是领导者对团队调和的表现，当团队中某个成员遇到困难时领导者应该进行主动的调度，利用团队的其他资源辅助解决问题，这种管理方式也是确保家庭式团队组建的重要因素。

领导

团队领导是团队管理的一种升华，是指领导者为团队制定长远目标与计划之后，团队可以恰当地遵循方向自主发展的一种境界。这种境界是团队中每一位成员受领导者影响的表现，团队领导力代表团队的共同目标和愿望。

团队领导力包括领导者的智慧策略、管理方法、谋略远见、群体意识等多方面的知识，本书也在其他章节对此做出了详细的讲解，而这种状态也是领导者所追寻的成功目标。

警醒之言：

领导不是某个人坐在马上指挥他的部队，而是通过别人的成功来获得自己的成功。

——杰克·韦尔奇

Leadership

管 理 靠 方 法，
领 导 靠 策 略

Leadership

Leadership

由于领导者个人的知识结构、素养水平、价值观念、个人品行等因素的差异，在运用权力进行领导时，必然会产生各种各样的领导风格，因此，也会对企业的发展产生不同的影响。领导风格与一个企业是否能够成功密切相关。为了成为企业中的优秀领导，领导者不得不进行反思，如何才能更好地实施一种较佳的领导方式？许多管理专家针对不同的领导风格效能进行了研究，提出了不少关于领导风格和方式的理论。

自 20 世纪 40 年代开始的勒温领导方式理论研究开始，多种理论研究证明了不同的领导风格对企业的长久发展具有不同的影响。在领导位置时，优秀的领导者需要在必要的时候做出改变，尤其是在工作管理现实经历给予反馈，或者其他领导或下级做出评估之后。实行民主还是专制的领导风格？在领导中注重合作还是指挥？在领导过程中，人际关系和任务哪个更重要？多种领导风格背后，其实需要领导者根据具体情况具体采用，而"具体情况"指的就是企业的现实管理状况。

正如斯坦福大学公开课中提到的，领导风格的确立之所以依赖于管理，是因为管理和领导之间有着密切的联系。领导不仅是管理的灵魂，更是管理的升华；而管理作为领导的基础力量，同时也是领导的保证。只有将领导和管理科学地分解并有机地结合在一起，才能实现组织或者团体的优化经营。

实践中，出色的领导者，往往也是出色的心理学家，可供领导者运用的心理管理有很多种。他知道在什么情况下应该运用什么领导风格和具体方法来规劝、激励、打动下属，令员工们可以在情绪低落的时候受到鼓舞，在成功的时候得到肯定，在犯错误的时候得到谅解。以人为本的管理会使得员工们在工作中发挥出超常的工作水平，恰到好处的领导风格会在企业的管理中发挥极大的工作效能。

松下公司历来就坚持着恩威并施的领导风格，并在管理中时刻进行调整。在公司管理上，松下公司的松下幸之助虽然一向主张以"和"为贵，但是并不代表他对员工的错误就坐视不管。有一次，后藤清一因为没有经过批示就擅自变更承包定额单价，违反了公司的相关规定。松下听说此事后，将后藤叫到办公室。当时，正在同客人谈话的松下当众大声责骂了后藤，无论客人怎么求情，松下也不肯罢休。松下责骂后藤时，情绪很激动，音量也不自觉地加大。后藤一直以来都有贫血的毛病，在这次严厉的斥责中，一下子晕倒在地。松下赶忙派人将他送回家，并请多加关照。

第二天刚上班，松下就给后藤打电话询问病情，并请后藤不要介意昨晚的事情。后藤紧紧握着话筒，十分感动。其实，松下并不仅仅是为了发泄火气而斥责员工，他在批评员工过后，一定会亲自或者通过别人了解员工是否对错误有了反省和认识，以后将会以什么样的态度去对待工作，对他的批评是否有误解等。如果存在了误会，松下会设法消除。一般人在批评之后会产生积极的效果，如果个别人怀恨在心，则会被松下视作是没有共事的缘分。在以后的工作中，松下会酌情调整人事安排，以利于公司更和谐地发展。

领导风格因为领导者的偏好和习惯会产生不同的表象。松下的个人领导风格偏向于公正、公平、公事公办的硬性领导风格。如果员工犯了错误，他会严厉地批评，但是批评过后他会对其进行多方关照和帮助，并着重了解员工是否在批评之中理解了一些关于工作错误的改正办法。这也正是松下领导的目的。而对于其他公司亦是如此，领导风格最根本的就是服务于领导的目的，即带领员工不断修正工作方向，提高效率，增进组织机能，而并非为了发泄领导的怒气或者对员工进行单纯的惩罚，最终的目的还是为了员工以后工作能够更加顺利，公司运转能够更加有力。这一目标之下，领导风格的调整就离不开领导者对公司管理的详尽了解和对公司的整体把握。

企业的管理中，不同的领导风格会产生不同的效用。魅力型的领导风格会对下属产生积极的影响，能提高下属对领导者的认同感，具有非凡品质的领导者会对追随者产生特别的吸引力，帮助领导者更好地实现目标；变革型领导风格可以通过让员工意识到所担任工作的意义，激发员工的高层次需求，从而建立起领导与员工之间相互信任的和谐氛围；交易型领导风格的领导者善于通过奖励与避免处罚作为激励诱因，来促使员工按照指示尽快完成任务；家长式领导风格的领导者通常会以仁慈的德行去令员工提升认同感，对绩效有积极的影响；参与式领导风格的领导者注重与员工们分享权力，并充分地尊重员工的意见，有利于企业内部的完善沟通与协调；服务型领导风格利于激发下属加入领导者的团队并充分发挥领导者的榜样作用。不同的领导风格需要领导者调整不同的工作重心，在实践中及时调整方向，根据企业问题做出准确判断。

在管理中提炼的领导风格还可以体现在用人策略上。领导者需要根据企业管理的目标和基本情况来实时地调整用人风格。在用人问题上，不同的领导风格影响着人才的培养方向。就领导者自身而言，故意背离自己的习惯，并不能收到明显的效果，但是作为优秀的领导者，还是应该学会打破自己的思维局限，学会跳出来看问题。经验并不能代表一切，一个有 20 年工作经验的人，与一个只有 2 年工作经验的人相比，前者处理问题的能力不一定就是后者的 10 倍。

因此，领导者的知人善任是领导风格的体现方式，正如斯坦福大学校长约翰·哈尼斯所说，领导者在选拔人才时，不应该束缚于条条框框之中。选拔人才需要领导者具有独到的眼光和一针见血的判断力，这是由领导者自己的特点和风格来决定的。究竟什么样的人才适合公司，领导者应该发挥哪种领导风格来招揽人才，必须考虑公司管理所需。毕竟在先进的公司理念中，人才和能力才是最重要的，实践管理中形成的领导风格是为公司选拔输送人才的最佳助力。

Leadership

第二节　根据管理培养领导才能

　　领导者是团体组织中的灵魂人物，因此，成为领导者的首要条件就是具备优秀的领导才能。一个企业的领导者应该具有才识、变通、决策等多种能力，只有如此才可以服众，并顺利有效地处理企业运营当中不可预知的意外事件。另外，领导者也要懂得深谋远虑，才可以预见企业今后的发展状况和优势利弊，进而带领团队迎向更好的未来。领导能力已经成为一个明确而重要的人际关系过程，为了培养领导才能，领导者需要有广阔的视野以及授权给下级的能力。

　　领导才能在企业管理中具有举足轻重的地位。企业的竞争实力，关键就在于领导才能。海尔集团的张瑞敏、联想集团的柳传志、五粮液集团的王国春等企业家都是凭借着自身高尚的人格、坚强的意志和勇者的气魄，展现了领导才能的魅力，同时赢得了尊重。他们高超的管理战略、务实的管理作风，也让员工们体会到了切实的利益，满足了员工精神上和物质上的双重需要。这样的领导，可以称得上是企业的指南针和精神领袖。领导才能直接影响着企业的执行力和战斗力，领导者需要精通自己的本职工作，成为一个内行。这些领导才能，都需要在管理实践中进行实地培养和开发。

BP 英国石油公司的领导者 Jane Woodward 在斯坦福大学的公开课上曾说到，只有通过管理才能逐步培养领导者的才能，在其适应企业的过程中更好地为企业的创新发展贡献力量。她认为领导者的个人才能一方面对于企业具有重要的吸引力，另一方面也离不开企业的管理培养来完成。

世界上的确存在着天赋异禀的领导者，他们与生俱来的领导气质和魅力可以让公众为之疯狂。但是这仅仅是极少数的个例，绝大多数的领导者都是普通人，他们只有通过勤奋的工作和学习才能塑造领导品质。

通用电气的 CEO 伊梅尔特就曾告诉身边人，优秀的 CEO 最需要的素质就是每天在工作管理中不断地学习以及不断地调整自己的工作方向，并且要知道怎么样在公司传播思想。

个人的经验无法涵盖方方面面的事物，管理当中涉及的内容之多远远超过某个人所具有的经验。所以，领导者必须在管理中接受专业的历练，敢于超越常识性的东西，为自己充电，向那些成功的管理者学习经验，并最终在实践中验证和积累经验。

领导者只有在实践管理中，才能进一步发现自己的缺失和不足之处，才能更深一步挖掘自身契合企业管理和发展的素质，才能最终在管理中提高才能，在提升中加强管理能力。反之，如果不结合企业管理发展的实际情况，而是一意孤行，那么所谓的领导只能起到副作用。

20 世纪 90 年代末期，三星集团由于"大企业大制造"的错误思想指导，使企业遭受了重创。当时韩国国内汽车企业生产并不乐观，总裁李健熙仍坚持在汽车业务上投入了巨额资金。果然不出所料，他建立的三星汽车公司之后遭遇了债务危机，并在 2000 年被迫低价出售给了雷诺汽车公司。错误的决策带给三星的是巨大的损失，而李健熙也因此一度被投资者批评为一个"失败的管理者"。韩国舆论曾指责，三星汽车公司的建立"不仅是一个盲目的决策，也是官僚主义管理体制的失败"。

在巨大的舆论压力下，李健熙正视了自己在管理中脱轨的领导方向，发挥了正确的领导才能。他一次性捐献出了 20 亿韩元的个人财产，承担了投资汽车领域失败的几乎全部责任。这个公告发出后，投资者都惊呆了。原来等待裁员消息的员工们深受感动，《财富》杂志撰文称赞李健熙是一个为错误的投资决策勇于承担责任的 CEO。精通业务、善于指挥、勇于承担责任是一个领导者的基本才能要求。而只有在管理中不断地完善自身素质，发掘领导才能潜力，在组织目标的引领下开展工作，时刻站在一个领导者、组织者的角度来统筹工作，才能真正地令企业迎来高峰。

但是长久以来，许多企业中的领导者还存在这样的问题：他们总是企图运用手中的权力对企业进行有效的控制，而并没有关注如何根据管理来稳步提升领导才能，结果往往适得其反。

究其原因，我们应当看到团体组织中的成员是人不是机器，他们有自己的思想和情感。作为领导者，要在管理实践中放宽自己的头脑，既要学会高瞻远瞩地建立自己组织的终极目标，又要站在下属的角度去思考问题，从而让目标和行动得到很好的结合，培养出最具有实效功能的团队。

第一，一个卓越的领导者在成功之前应该学习和掌握很多的理论知识。正如斯坦福大学公开课中所讲的那样，没有足够的理论知识是经不起市场考验的。管理知识的充足是优秀领导者的基本要求。

第二，领导人应该培养自己的判断和诊断问题的能力，以便在经营中可以发现问题，提出问题，从而解决问题。领导者只有发现企业和自身的不足，才能知道企业应该如何更好地发展。

第三，领导者在管理中应该注重对于忍耐能力的加强。企业家在忍耐能力的辅助之下，才可以在竞争中更加从容不迫，以更稳健的心态处理问题，在企业的经营管理中毫不留情，不给竞争对手以喘息的机会。

第四，领导者应该在管理中做好沟通。与合作伙伴、下属之间的良好沟通可以为领导者发现问题、解决问题开辟新的方法，为企业抓住更多的机会。

麦当劳快餐店创始人雷·克罗克，是美国社会最具有影响力的十大企业家之一。在工作中，他推崇在管理中提升领导才能的工作方针。雷·克罗克不会整天待在办公室，他习惯于将大部分工作时间用于"走动管理"上，即到下属公司、部门走动和观察。麦当劳公司曾经有一段时间陷入严重的亏损危机，雷·克罗克发现，公司各部门经理身上存在的严重官僚主义是公司陷入危机的主要原因。这些经理总是靠在椅背上对工作和下属指手画脚，宝贵的时间也流失在抽烟和聊天上。于是，雷·克罗克想出了一个绝妙的办法——将所有经理的椅子靠背锯掉。一开始，很多人都骂雷·克罗克是个疯子，但是不久，大家开始理解他的一番良苦用心。经理们也逐渐走出办公室，深入基层或者第一线，通过现场解决问题、及时了解工作进展等方式实践着"走动管理"。这个小小的改变最终令公司扭亏为盈。

领导者们只有身体力行，在管理中进行深入了解，掌握更多的管理信息，立足于多维化的动态领导系统，根据管理不断积累成功经验，优化领导才能，才能战略性地为公司发展发挥更多的积极效用。

Leadership

第三节 领导风范

据有关调查研究表明，在对领导力的重视程度上，员工更加看重企业的领导力，即企业领导者的领导风范和能力。那究竟什么是领导风范呢？从企业文化的角度看，领导风范就是指企业家自身的品格、素质、个性等多方面的象征所代表的企业主体文化、主流文化和深层次的文化。

在现代企业中，领导者作为企业的掌舵者，对其素质要求很高。领导者的素质在很大程度上决定着企业的生存和发展。如果将企业文化比作企业的灵魂，那么企业领导者便是企业文化的灵魂。他是企业文化的人格化，是企业的"领袖人物"。而所谓领导风范不仅包含领导者自身所具有的并且极力推崇的精神状态，还包括领导者自身具有的并且形成巨大感召力的素质与品格，以及领导者自身具有的并且确有魅力的领导艺术和工作作风。

斯坦福大学公开课中的企业领袖们一致认为，出众的领导风范对于企业的发展有着至关重要的作用，因为领导者本身就是企业文化建设的创造者。没有领导者的倡导，企业文化建设就举步维艰。领导风范的塑造，首先需要领导者从自我塑造开始。领导者作为企业的榜样人物，他的言行会直接影响到员工的行为。每一刻，所有员工都在接受着领导者榜样作用的辐射影响。企业的员工将企业领导者作为标杆来履行他们自身的任务和职责。

戴尔公司和 IBM 公司是世界著名的 IT 产业经营代表，他们员工的行为在一些方面却是截然相反的。戴尔公司对员工着装没有硬性要求，只要员工完成任务即可。而 IBM 公司则要求员工上班期间必须穿正装，并且会告知员工关于完成任务的具体要求和途径。我们无法评价两种领导管理的优劣，但是我们可以看出的是，企业领导者的行为和价值观对于企业员工的影响是潜移默化的。良好的领导风范可以汇集和挖掘员工潜在的力量，从而实现企业经济目标的优效实现。仅仅是从企业资源的无限延伸上，就可以看到领导风范的巨大价值。因此，领导者要加强自我塑造，提高自身的综合素质。

另外，提升领导风范需要领导者懂得如何在工作中寻找乐趣和刺激。对企业、公司所获得的成就应该理性地分析。优秀的领导者敢于面对失败、困境和挑战。同时，他们又对成就的自我体验有着成熟的应对能力。

同时，领导者还需要有冷静的头脑、豁达的心胸和开阔的思路，并拥有义无反顾地将事业推向高潮的魄力和决心。有的企业家当确定了投资方向和机会时，可能会理智地分析和比对，下定决心后，又会忘我地投入工作当中。他们既含蓄又猛劲十足，既大胆又细心，从不固执己见，而大度也是众多优秀领导者的特点。

华为的创始人兼总裁任正非曾经说过，一个领导者的素质就是方向、节奏。领导风范中最重要的一条就是要宽容。领导工作同其他工作一样，都要涉及同物打交道和同人打交道两个方面。在这一过程中，一个人的领导风范就彰显出来了，宽容这一素质的重要性也立即显现。所谓宽容，就是容忍人与人之间的差异。不同性格、特长、偏好的人能否凝聚在企业共同的组织目标和愿景之下，就要靠领导者的宽容。此时，宽容的不是别人，而是自己。任正非认为多一分宽容，企业的发展就多一分空间。

作为 TCL 集团股份有限公司董事长的李东生，他在企业发展中，始终在领导队伍中强调包容的重要性。尊重比自己强的人，听取不同人的意见，在他看来这才是一个领导者应该有的风范。另外，无论是创业还是做人，诚信都是最重要的基石。如果领导者只追求结果而不择手段，那么就会扼杀企业未来做大做强的长远机会。

通过这些案例，再结合斯坦福大学公开课中成功者的对话，领导者应该明白，商业关系中不只有敌对关系，更多的是竞争合作关系。公司之间可以根据自身的不同优势进行资源整合和全新定义合作。对于员工来说，他们只有通过日常的公司管理细节来体会企业的领导风范，这就对领导者提出了更高的要求。领导者需要用心地在经营管理中运用技巧和方法来宣扬企业文化，展示领导风范。强有力的领导风范主要依存于在管理中坚持以下基本原则。

第一，领导者应拥有清晰的目标和远见卓识来影响企业。领导者应该是拥有远见的人，他必须在每一个行动决策中都传递出远见的精神，并将团队的利益放于个人利益之前。

第二，领导者应该在管理中真诚地展示对他人的尊重。领导者需要在真诚态度的基础上运用策略与他人进行沟通。很多人选择领导者的标准，不是因为这位领导者创造了多少令人瞩目的成绩，而是他们感受到了一种人格上的尊重。

第三，管理实践中，领导者应该注重创造开放的沟通氛围，下属才能更加积极地为企业经营献计献策，帮助领导者有效地进行管理。领导者需要恰当地过滤他人的意见，沟通之中坚持一定的原则。

第四，领导者应该保持勇气。面对经营中遇到的各种问题，不能因为缺乏自信而弱化领导力。在充满争执的氛围中，领导者应该发挥自己的积极态度来影响周边的人。同时，领导者在处理问题时应该避免对别人的小过失斤斤计较，不要有权力的自大和对于知识的顽固偏见，从而在不断的塑造和锻炼中强化自己的领导风范。

如果说一个企业的领导风范需要依靠自身的智慧和修养，那么一个行业中的领导风范则需要依靠领导者对于品格的把握。作为空调市场中的领军企业，格力曾经一度创造了家用空调销量世界第一位的好成绩。格力依靠品质得到了消费者的认可，得到了市场的肯定，成为中国空调行业的第一个世界名牌，同时还赢得了中国质量领域的顶级荣誉——"全国质量奖"。企业领导的战略性决策以及领导者本身的风范和引导，将先进的技术转化成了舒适的生活品质，让格力品牌深入人心，并且通过科学技术、优化的理念和市场表现，全方位、多角度地展示了空调市场领导者的大将风范。

其实，不管是领军企业还是企业中的领导者，对于他们来说，良好、稳健的素质和心态比遇事急于寻求解决办法重要，找到失败的原因比指责和埋怨更加重要。领导者只有在平时的管理中增强自身才能，树立风范标杆，找到企业或者自身问题的原因并且加以改善，才能在失败和成功的锤炼中令企业更加强大。领导风范的彰显正是在企业前进的一点一滴中来实现的。

Leadership

第四节　领导品质

　　领导者作为企业的领袖，掌控着企业一切的行为和指令，领导者的能力就显得尤为重要。从心理学上分析，领导就是引领和影响个人或者团体在一定条件下实现一定目标的行为过程。所以领导者是一个企业中最具有权威和影响力的人。要想管理好一个企业，领导者本身应该具有各种优秀的品质。他作为企业的行为标杆，其行为是下属员工们的指南针。在现代企业中，企业领导者作为企业的掌舵者，其自身的品质在很大程度上决定了企业的发展状态。正如拿破仑说的那样："一个以狼为首领的羊群可以打败一个以羊为首领的狼群。"领导的重要性可见一斑。

　　提升领导品质在领导活动中具有十分重要的作用。领导品质是发挥领导功能的基础性条件。优秀品质的领导者可以更加有效地调动、管理、推动现有资源和潜在资源，并发挥其最大功效。同时，领导品质还是领导力的主要影响因素。

　　领导者的智慧、才能、经验等内在要素在领导活动中常常起到很重要的作用。而道德品质就是领导者应该具备的首要品质。"德才兼备"自古就是选拔人才的标准，领导者的职业水准对于一个团队来说影响深远。作为企业的领导者在运用权力的时候，应该承担一定的社会义务，先以德立人再以能力服人。哈佛商学院管理实践教授比尔·乔治曾经采访了 125 位来自世界各地的成功领导者。采访结果表明，道德上的完善不仅仅可以帮助一个人成为合格的领导者，同时也是一种最为有效的领导方式。领导者的价值不能只用金钱去衡量，而是他应该不懈地去追求事业、生活理想。领导者的道德品质对于团队来说具有极大的能动性，道德品质高的领导者更易赢得人们的信任，从而吸引更多的优秀人才。道德品质不仅塑造了个人魅力，更代表着企业文化形象。

谦虚谨慎也是领导者必备的道德品质之一。对于沃尔玛来说，一直以来他们的经营态度就是谦虚和谨慎。自 1945 年开始，他们经历了许多风浪，谦虚的经营品质一直贯穿在企业的发展过程之中。其实，山姆·沃尔顿也曾担心企业规模的扩大会阻碍工作的完成效果。规模的扩大最容易形成规模效益，但是也会招致危险。许多企业曾经遭遇了成也规模化败也规模化的过程，因此谦虚的经营原则一直是山姆·沃尔顿不敢忘却的。越是规模大，沃尔玛公司考虑的东西就越是基本。沃尔玛从不夸耀他们庞大的销售额和利润，而是以顾客的基本要求作为时刻鞭策自己前进的动力。

这一点恰恰符合了这次斯坦福大学公开课的领导品质鉴定基础，领导者必须有所觉悟。

现代企业领导者不能光凭借着经验进行管理，渊博的知识能够辅助他们更好地应对市场的激烈竞争。领导者应该精通企业管理知识，同时了解国内外现代管理理论的发展方向。企业的领导者作为企业的直接管理者，应该时常去基层检查和指导工作，从而更好地实践领导的职能。同时，本专业的业务知识和领导科学也是领导者应该具备的专业品质。业务知识可以帮助领导者真正成为内行的专家领导，而领导科学可以开阔领导者的思维，从而更加适应繁杂的竞争环境。

领导者的优秀品质还表现为其具有的能力素质，决策能力、组织能力、协调和沟通能力都是领导者提高管理效率必不可少的条件。其中，决策能力贯穿于管理的整个过程，决定了管理活动的成败。一项决策的顺利实施需要领导者具有良好的洞察力、判断能力、分析能力和一定的魄力。

海尔集团在进行企业兼并时，领导者就发挥了强大的决策能力。兼并红星电器厂的时候，当时它还亏损了两亿元，这样的兼并在别人眼中只是一种负担，但是 CEO 张瑞敏却认为红星的亏损只是一个表面现象。他发挥高超决策手段，模仿麦当劳兼并经验，将一种成功的管理模式嫁接到自身企业，取得了良好的收效。张瑞敏在兼并的过程中，向员工们宣扬的是如何传播公司经营理念，而并非关注盈亏的数字指标，展示了一种理念与领导品质结合的决策能力。

此外，领导者的沟通协调能力对于企业经营发展也起到重要的作用。当企业面临冲突、矛盾时，领导者应该及时进行沟通协调，找出问题的本质原因，只有这样才能使企业冲破阻碍继续前行。现代企业的领导者所具有的人际交往能力不仅包括与下属员工之间的沟通能力，还包括与上级领导、部门以及社会各界之间的协调能力。领导者必须具有独特的个人魅力去带动周围的环境，为企业发展开拓更为广阔的空间。一个领导者如果不能在交谈时打动人，吸引人，那么他就很难说服别人来支持自己的企业发展。美国前总统尼克松讲过："凡是我认识的很重要的领袖人物，几乎全都掌握了一种正在失传的艺术，就是特别擅长与他人做面对面的交谈。"可以看出，沟通能力对于企业领导者的重要性。

企业领导的核心就是用人，所以领导品质中的重要一环即用人能力。有效的领导应该善于发现人才，知人善用，同时还要有大度的胸怀，任用经验、才识超过自己的人才。作为企业管理中的基本要素，人是最具有价值的资源。俗语说，千里马常有而伯乐不常有，正是点明了企业发展离不开领导者善用人才的品质和能力。

作为领导者，更要时刻认清自我。张瑞敏说过，高层管理不等于高高在上。作为领导者到底应该在管理中以怎样的姿态出现？到底应该运用怎样的品质去发展企业？迪士尼公司的一位 CEO 艾斯纳，对于高层管理中领导者品质的发挥具有独到的见解。

他经常在公司领导中强调："我们是什么样的人和我们做什么样的事情，两者一样重要。"在迪士尼的一次财务会议上，与会员工都在谈论着公司的财务状况和资产报酬状况。艾斯纳突然抛出了一个问题，即巴黎迪士尼乐园中的爱丽丝梦游奇境不够刺激，公司应该怎么办？这样突如其来的问题令很多员工措手不及，但是艾斯纳认为，任何一个问题都应该在会议上受到公平待遇。这样的要求也被他运用到了对员工的管理上。他要求公司领导经常与普通员工一起，学会员工的身体语言，看清他们说话时的眼神；还要求所有的领导用电子邮件与员工沟通。作为全球性公司的 CEO，与所有员工保持联系是一件不大可能的事情，于是艾斯纳将接触的重点放在了几十个领导人身上，并要求这些领导人也能和他们手下员工随时接触，艾斯纳说："一个组织之所以伟大，是因为优秀的领导品质能够扩散到整个管理阶层，而不只是高层主管。"

一名领导者，对自己和企业有一个清晰的认识是最基本的要求。或许你处于高层，但是要想自己的企业卓越不凡，就需要以身作则。艾斯纳告诉我们，善于倾听的能力和品质，会帮助领导者更好地领导企业。

另外，强大的心理素质也是领导品质中不可或缺的。GTV 风投公司董事长 Joyce Chung 在斯坦福大学公开课中谈到，对于优秀的领导者来说，信念这一品质在成功领导中具有十分重要的作用，它是领导者成就伟大事业的根基。信念的引导力量不仅可以影响领导者，也可以影响员工，使员工对企业领导的认同和信任感提升。

总之，对于领导者来说，其领导品质关系着企业的运转和运营。在市场竞争日益激烈的情况下，企业领导者综合品质的提升需要其自身的不懈努力，既要练内功，也要修炼外功；既要加强学习，提高自身素质，也要恰当地运用权力因素和非权力因素的相互作用，最终以领导魅力带领团队共同促进企业的腾飞。

Leadership

领导者的衡量方式不
是企业的大小，而
是精神层面的高低

Leadership

Leadership

经济的高速发展、市场的瞬息万变打破了企业界"大而不倒"的神话。随着改革开放的深入，高新科技的发展，民营企业迎来了春天，小企业如雨后春笋般出现，很多小企业创造了巨大的成功。企业大小已经决定不了企业的未来，企业的成功与否与其领导息息相关。企业的领导精神取代了企业规模大小对企业的制约，企业的领导精神决定着企业的层次。

越来越多的企业开始把焦点从管理转向领导力，大家开始明白引导比制度的管理更加有效。一个好的领导可以让企业实现跨越式的成功，一个不好的领导会让企业走向衰败甚至万劫不复。

"大而不倒"已然过时，现在是"企业小不等于企业弱"的时代，一个企业的领导精神贵在专注，而盛大公司因为一味地追求做大，盲目地掀起收购狂潮，让很多项目的投资都毫无收益。与盛大有同样悲剧的是太子奶公司，因为领导错误地判断市场形势和自身的实力，而陆续开展童装、化妆品甚至传媒项目，让公司陷入多战线的困境，资金也变得捉襟见肘。

领导者拥有企业的决策权，他们对未来形势的判断直接影响企业的发展。优秀的领导、正确的判断会让企业抓住机遇，事半功倍；而一个没有眼光的领导、一个失误的判断就会给企业带来巨大的损失。领导者是一个企业的标杆，领导者对企业的坚定与专一会促使员工的团结和价值观的统一，领导者对未来的不坚定和对业务的不专业会让员工对企业的未来抱有怀疑，不利于企业的发展壮大，企业的领导者对企业大发展起着决定性的作用。

企业大固然会有一定的优势，但劣势也同时存在。大企业拥有更多的机会和更强的竞争力，但同时风险也会增加，大企业的管理成本大大增加，领导者的精神层次就显得尤为重要。而小企业虽然在机会和竞争力方面无法与大企业媲美，但他具有大企业所没有的灵活性，小企业更容易实现价值的统一，领导者的精神能够更直接地在员工间形成影响。现在企业的竞争已经脱离了规模大小的束缚，大企业不一定强，而小企业也不一定弱。

伊藤洋华堂是日本最大的零售企业，但它与家乐福、沃尔玛的经营方式有所区别，它不崇尚大规模，而是以小规模博取高收益，它靠领导和管理弥补规模的缺憾，追求单店单位面积效益的最大化。

伊藤洋华堂的领导精神是以顾客为中心，最大限度地满足顾客需求。他们通过对顾客消费信息的研究揣测顾客的消费习惯，把顾客的消费习惯作为领导和管理的依据，甚至改变产品陈列方式，让顾客更容易实现一处购齐，这一项其他竞争对手不注意的简单策略大大提升了伊藤洋华堂在顾客心目中的形象。伊藤洋华堂的领导以自己的行为打造企业员工的价值观，他们的员工以自己的工作改变顾客的生活方式。

如果把企业比作一艘船，领导者就是船的舵手，员工是用力划船的人，而市场就是那无情的大海。领导者要辨别正确的方向，还要协调员工之间的关系，让他们向一个方向用力。企业在市场中就像船在大海中一样，必须前进才能不随波逐流，才能免于毁灭。

一艘船能否到达目的地与划船的人有关，与大海的情况有关，与船的大小也有关，与舵手更是息息相关。强大的舵手能够团结船员，强大的舵手能够征服大海。有好的舵手和船员，小船也能穿越大海，没有好的舵手和船员，大船也会沉没。在企业中，领导者要不断地加强自己的能力，好的领导者能够带领企业冲破所有困难，而不恰当的领导方式不但不会让企业成长，反而会加速企业的衰亡。

领导是一门需要推敲拿捏的艺术。领导者的精神层次要高于员工，但又不能高不可攀；领导者要适当地进行管理，但又不能事事插手；领导者要以引导为手段，但又不能影响制度的执行；领导者要与员工打成一片，但又不能失了威严。作为领导者，我们要提高自己的情商，手握职权，但不以职权压人；我们要提高自己的能力，让员工信服，树立威严，但不必事事躬亲；我们要提高自己的修养，尊重员工人格，但要奖罚分明；我们要提高自己的人格魅力，以身作则为员工树立楷模，但不能狂妄自大。只有这样，我们才能够领导一个企业，才能够让所有的员工信服，也只有这样的领导者才能够带领企业走向成功。

企业的大小决定不了企业的强弱，企业之间的竞争归根结底是领导之间精神层次的比拼。作为小企业的领导者要正视自己的弱点，但要勇于挑战。因为小企业没有负担，积极主动，灵活多变。

好的领导者要带领企业进行改革，打造管理制度的框架，告别家族模式的懒散结构；好的领导者要理清思路，明确发展的策略和计划，详细设定战略和进程，摒弃盲目运行；好的领导者要重视人才，求贤若渴，从外引进人才，在内培养人才，放弃自私、冷漠；好的领导者要建立企业文化，重视企业文化，让企业文化散发最伟大的魅力，让员工因为企业文化而自豪，因为企业文化而得到归属感和成就感。

在当前激烈的市场竞争环境下，小企业想要立于不败之地需要突破重重瓶颈，资金不足，融资困难，人力成本持续上涨，资源匮乏，这些问题都不可避免，小企业要生存就必须付出比大企业更多的努力。

一个优秀的领导者，无论面对什么样的困难，都可以力挽狂澜。小企业的领导者要结合企业自身情况，从企业的人才、资金、品牌、服务等全方位入手，实现企业的立体进步。

让企业以最低的成本实现最大化的利益来规避市场风险，以市场细分精准定位，以差异化的商品和服务吸引顾客，打造优良的销售团队，用全新的模式进行宣传，提高对顾客的服务质量。小企业只能依靠领导的正确引导才能走上健康的发展道路，小企业的领导任重而道远，一定要精准定位，整合资源，重拳出击。

我们要分清领导与管理的区别，实现经营与管理的分离，管理者要将企业宗旨和企业制度放在第一位，而领导者要准确把握市场脉搏，操控企业大方向，在企业内以身作则，树立榜样。你一生中卖的唯一产品就是你自己——乔·吉拉德用人生哲学让我们明白，作为领导者，我们就是企业的名片，就是企业的代言人，领导者要提高自己的修养，以德服人。让我们努力提升自己，用自己的能力和德行给企业插上翅膀，让小企业也能飞翔。

警醒之言：

权威是你把权给别人的时候，你才能有真正的权力，你懂得倾听，懂得尊重，承担责任的时候，别人一定会听你的，你才会有权威。

——马云

Leadership

第二节　由小到大，看方法更看精神

在美国，有两所商学院闻名世界，一所是哈佛商学院，而另一所，就是斯坦福商学院。斯坦福商学院全称斯坦福大学工商管理研究生院，又叫作斯坦福 GSB。而本书所讲的公开课内容，便是斯坦福商学院所教授的。

与哈佛商学院相比，斯坦福商学院的规模显得小了很多。斯坦福大学一共有 720 名 MBA 学员，而哈佛商学院却有 2000 余人。虽然斯坦福商学院的人数较少，但是丝毫不能掩盖它的光芒。相较于哈佛大学，斯坦福大学的教育风格另有不同，很多斯坦福商学院的学生们都认为：哈佛商学院所代表的都是一些比较传统的经营管理培训，是大型企业的人才生产地。而斯坦福商学院则更注重创新与开拓，提倡"小企业精神"，培养一些穿着"T 恤"创业的新一代企业家。比如硅谷最早的一家高科技公司——惠普的两位创始人比尔·休利特（Bill Hewlett）和戴维·帕卡德（David Packard），就是斯坦福商学院的毕业生。

而在近年来开设的公开课中，斯坦福商学院更是凸显了这一特点，大力培养学员的创新能力与思维，鼓励学生们进行创业。与此同时，在公开课中，斯坦福商学院的导师们还着重提出了一个观点，那就是无论企业大小，常怀小企业精神。

那么，所谓的小企业精神究竟为何物？其实答案很简单。小企业精神就是创业精神与危机精神，当一个公司刚刚成立时，资金缺乏，环境恶劣，几位创始人只能牢牢地抱住几根救命稻草，随时都有失败的危险，但此时，这个公司的凝聚力与战斗力是空前的，因为随时面临着死亡的威胁，人们往往会爆发出无限的潜能。而也正是这种潜能，促使很多小企业打败了无数知名企业，在市场上有了立足之地。

而大企业则相反，在获得成功之后，因为拥有了一定的市场地位和品牌效应，往往会脱离商业的基本面，各部门之间凝聚力减小，甚至互相阻碍，面对危机与压力丝毫没有感觉，最终被市场淘汰。所以说，作为一名领导者，无论企业大小，都要学习这种"小企业精神"，心怀危机感，把压力变成动力，以小企业的姿态领导出大企业的辉煌，就像通用电气的传奇董事长杰克·韦尔奇一般。

20世纪60年代中期，杰克·韦尔奇成为PPO工艺开发项目的项目经理，他的任务就是把PPO转换成为具有商业价值的产品。但是这种材料在当时看来并不具有多少潜在的市场价值，因为它很难塑造成型，所以，研发小组的成员都十分沮丧。面对这样的压力，杰克·韦尔奇却认为发展是需要一个过程的，他要把这种压力变成动力，所以当即决定，坚持做下去。

在工作中，杰克·韦尔奇带领小组成员尽量缓解来自各方的压力，在他们的不懈努力之下，终于产生了决定性的突破。他们成功制作了一种在高温下具有很高强度又容易塑造成型的材料，这种材料的商业名称叫作"诺瑞尔"。

在发现了"诺瑞尔"之后，杰克·韦尔奇劝说通用电气公司建造工厂生产"诺瑞尔"。但是通用电气的几个项目经理都不愿意去做这个项目，因为谁也不想为一种还未证明其商业价值的产品去冒险。

杰克·韦尔奇知道这个情况之后，毅然申请了这个职位，因为他知道，原有的工作将来一定会带给他更大的压力，不创新必定会让自己陷入更大的危机。于是，他成了"诺瑞尔"生产工厂的经理——一个最小的经理。

就在此时，高聚碳酸铵脂的研发团队和"诺瑞尔"的开创者们发生了矛盾，杰克·韦尔奇知道这是一场艰苦的斗争。然而，就在这样的危机中，杰克·韦尔奇灵光闪现，他提出应该把"诺瑞尔"卖给通用电气内部的诸多企业。

于是，杰克·韦尔奇就先用"诺瑞尔"制造出了电动罐头起子，向人们展示了"诺瑞尔"卓越的性能，让人们相信，"诺瑞尔"还有很多更大的用途，包括制造计算机外壳和汽车车身等。

但是，在当时的塑料企业2000余万的销售额中，"诺瑞尔"只占到了5%的销售额，而聚碳酸铵脂却占到将近30%。1968年，杰克·韦尔奇当上了以上两个塑料制品公司的领导，成为通用电气中最年轻的一位总经理。

虽然如此，杰克·韦尔奇面临的困难仍然十分巨大，当时的市场对于塑料制品的需求不是很大，韦尔奇只好到处跑业务，走遍了可能走到的大型市场，不断地让那些婴儿奶瓶、汽车、小器具用品的制造商们宣传塑料的好处——不但便宜而且轻巧耐用。

后来，杰克·韦尔奇和他的团队成员经过一次会议研究，做出了一个更有影响力的决策——电视广告。这则广告中有一头发疯的野牛冲进了一家瓷器用品店，结果里面所有的东西都被打碎了，只有塑料制品安然无恙。

这个广告获得了空前的成功，高聚碳酸铵脂的使用终于引发了制造业的工业革命。美国消费者对这种比金属和玻璃拥有更多优点的材料十分青睐，于是它成为世界上最重要的塑料。杰克·韦尔奇所负责的塑料企业也走出了困境，获得了巨大的成功。

正是这种敢于做小企业、小团队领导的气魄，为杰克·韦尔奇的成功奠定了扎实的基础。他说："我这一生中最兴奋，同时也是最值得纪念的时光，就是那段与团队的同事们经过共同努力，缓解各种压力，克服重重困难，在危机意识的挤压下，使塑料部门迎来了光辉岁月的时光。"

杰克·韦尔奇的故事再一次证明了小企业精神的重要性，如果没有小企业精神，或许杰克·韦尔奇就会放弃领导塑料部门，也不会亲自去做推销，思考创意了。虽然通用电气是一家大公司，但是如果没有后来杰克·韦尔奇这种秉承小企业精神的领导风格，或许通用电气也会遭遇到很多危机。

作为领导者最忌讳的就是高枕无忧，过于乐观。极度乐观就是盲目，要知道，物极必反，山顶的旁边就是深渊，任何事物的发展，其过程也都是艰难而曲折的，我们应该时刻保持危机意识，以小企业的姿态去市场上竞争与发展。那么，我们该如何做到这一点呢？斯坦福大学公开课中提出了以下三条建议：

1. 未雨绸缪。

人天生就有一种惰性，除非逼不得已，否则不会改变自己安稳的现状。但是，如果一名领导者、一个公司、一个集团失去了必要的刺激，处在一种安逸的氛围中而不自知，那么就如同温水煮青蛙，慢慢地就会失去跳跃的能力，当危机到来的时候，悔之晚矣。

2. 缓慢的伤害更加危险。

人们往往在面对突发事件的时候或许还会有一些办法，但是对一些缓慢恶化的事件往往失去警觉，最终造成损失。比如，在一家化工厂，工人们对那些致命的危险源会保持警惕性，会小心翼翼地避开危险，而面对那些不致命的危险源时，就会放松警惕，导致危险潜伏下来，使其存在着不确定性和高危险性，一旦积累起来，后果不堪设想。

因此，管理者应该时刻强调安全问题，强化每一名员工的安全意识，严防其受到伤害，这样才能保证安全生产，不出事故。而企业除了人身安全，还有一种安全应该受到重视，那就是成长安全。如果整个企业长期麻痹，对市场的反应迟钝，失去了必要的刺激，在安逸的工作氛围中不自觉，那么就会失去工作活力，等危机真正到来的时候，就会手足无措。

3. 辩证看待优劣。

优劣是可以相互转化的，今天的领先不代表明天的辉煌，企业最辉煌的时刻往往都会隐含着巨大的危机，如果一位管理者不能够向员工解释清楚这个辩证关系，那么公司就会失去效率和利益，今日的安稳就会带来明日的灾难。

物极必反，只有管理者和员工在面临市场竞争的时候充满危机感，不断加强自己的能力，不断进取，挖掘自己的劣势，让劣势转换为优势，才不至于被市场淘汰。

Leadership

在上一节中我们已经提到，斯坦福商学院以"短小精悍"著称，但是正是"短小精悍"的特点，使得斯坦福商学院的学生们学会了一项提高领导力的法宝，那就是团队凝聚力。正如斯坦福商学院院长加斯·塞隆纳所说的："我们的规模相对较小，我们比其他商学院要小，这使得同一个班级的学生相互团结，不管是在商学院期间还是毕业后他们相互间都保持联系，形成一个紧密的校友社区。

"我认为斯坦福大学有一个特别的地方，在同一个校区里共有 7 个专业学院，包括医学院、工程学院、法学院、教育学院等，这些学院相互之间隔得很近。因此，我们的学生可以与这些领域的学生互动。我们认为世界上最大的问题之一是通过一定的途径让来自不同学院的多个学科相互交流。"

没错，斯坦福商学院最伟大的地方就在于，他们不仅在课堂之上教授学员领导力知识，在课堂之下，在生活之中，斯坦福商学院也在潜移默化地影响着学员。那么，"短小精悍"的斯坦福商学院苦心培养学员的团队凝聚力又是为什么呢？

团队凝聚力是指团队对成员的吸引力、成员对团队的向心力，以及团队成员之间的相互吸引程度。如果一个创业团队没有凝聚力，那团队的绩效就仅仅是个人绩效的累加，但如果团队有了凝聚力，团队的绩效就是个人绩效相乘。只有团队有较高的凝聚力，才有整体的危机感，才能创造出更高的绩效。正所谓"众人拾柴火焰高"就是这么一个道理。团队就如同一台机器，团队各个成员就如同机器的各个零件，团队的凝聚力就如同各个零件的共同目标，只有各个零件为了共同的目标努力，机器才能正常运转。如果一个零件出了故障，这台机器就不能运转了，所以团队的各个成员只有具备了愿意为了团队的目标而牺牲自我的精神才能创造出奇迹，这就是凝聚力的魅力所在。

团队具有凝聚力表现为：

1. 没有跳槽现象，团队成员的归属感较强，为成为其中一员感到无比荣幸。

2. 团队的成员在团队内不仅具有牺牲精神，而且能实现个人的自我价值。

3. 团队的信息建设比较完善，内部信息沟通渠道顺畅。

4. 团队成员之间相互尊重和关心，内部关系和谐稳定。

5. 团队成员在团队内工作没有压抑感，协作能力较强。

凝聚力的作用的确十分重要，如果一个公司缺乏凝聚力，那么就很有可能产生矛盾，降低效率，甚至最终会就地解散。作为一名领导者，我们如何提升自己公司或团队的凝聚力呢？斯坦福大学公开课教授蒙利·斯洛提出了以下几点：

1. 影响团队凝聚力的主要因素以及解决办法。

团队的规模。随着团队规模的扩大，同一工作经手的人就会越来越多，之间的分歧就会增加，结果导致办事效率低下、相互推诿的现象；规模扩大、部门增加就会出现分帮结派现象，不利于内部团结；规模扩大，信息沟通的渠道加长，信息的上传下达的时间增长，影响信息的沟通。一般 10~15 人形成一个团队，凝聚力较强。

领导方式。一般领导者的领导方式有以下三种：放任、专制和民主。领导者作为团队的领头羊，其领导方式直接关系到整个团队的凝聚力。领导方式放任，团队成员随意，人心涣散，没有团队合作意识，凝聚力差；领导方式专制，成员的满意度较低，极少表达意见和参与决策，私下经常发牢骚，攻击性语言较多，凝聚力较差；领导方式民主，团队成员的积极性较高，乐于表达自己的建议，积极参与团队的活动，团队凝聚力较强。

奖惩方式。团队奖惩包括集体奖励和个人奖励。集体奖励能使团队与个人的利益挂钩，只有集体利益增加，个人利益才能得到保障，团队的凝聚力就会增强；个人奖励使员工比较自我，会削弱合作精神，但能促进员工之间的竞争，提高员工的积极性。所以，在团队内要综合考虑奖惩措施，既要保障团体各成员的利益，又要有层次性，提高员工的积极性。

团队状况。作为团队中的一员，每个人努力实现团队的目标，能为团队创造辉煌业绩感到自豪，从而激发团队的潜力，吸引优秀人才加入。

2. 消除阻碍团队发展的因素。

外来威胁往往能激发团队空前的团结，使团队成员"舍小家顾大家"，但如果受到的外来压力和威胁不在团队的承受能力范围内时，团队成员就会气馁。

每一个团队中，矛盾往往产生于员工之间的个人差异。消除阻碍团队发展的因素，增强团队的凝聚力，应采取以下措施：

（1）团队目标要合理。要根据团队的实际情况，制定合理的目标任务，如果盲目过大，就会挫伤团队成员的积极性；如果太小，就会使员工沾沾自喜，不求上进。而且团队目标要与个人利益联系起来，提高员工参与的积极性。团队的目标还要根据实际情况适时调整。

（2）领导方式要民主。采取积极民主的领导方式，才能使团队成员的积极性较高，乐于表达自己的建议，积极参与团队的活动，使团队凝聚力增强。

（3）团结就是力量。当外部威胁来临时，领导者要身先士卒，给员工起表率作用，此时也是积极化解内部矛盾、增强团队凝聚力的最好时机。

（4）团队规模要合理。规模大小直接决定着团队的业绩，过大不便于管理，容易产生内部矛盾，人心涣散；过小往往人手不够，工作连续性差，因此一个团队一般控制在 10～15 人为宜。

（5）集体奖励与个人奖励合理化。集体奖励往往能促进团队的凝聚力，个人奖励往往能提高员工的积极性，所以要采取集体奖励与个人奖励并存，以集体奖励为主的原则。

（6）集体荣誉感的培养。集体的荣誉也是个人的荣誉，是每个员工共同努力的结果，是对团体各个成员的肯定，在团体中，要使员工感受到家的温暖，促进员工更加努力奋进。

3. 打上分数。

以 1～10 分为标准，让伙伴一起为"我们现在做得多好？""我们需要做到多好？"这两件事打分数。在蒙利·斯洛的研究中，前者的平均得分是 5.8，后者是 8.7。

4. 写下建议。

若两项分数之间有差距，那就请每位成员写下两个能够减小差距，提升团体精神的"个人行为"意见，然后详列众人意见清单，让所有人选择一个觉得最重要的改善建议，作为集体努力的方向。

5. 三分钟圆桌会议。

通过三分钟的面对面时间，让每个人都能轮流询问彼此："请给我一两个可以修正自我行为的建议，借以帮助团队能更紧密合作。"收集完毕之后，每个人都从中挑选一个，作为自己下个月要努力改进的目标。

6. 定期追踪。

除了激发改善动能，更要检视实践成果。追踪成员接受其他人建议之后的行为差异，并且持续保持沟通，透过不断修正、建议的良性循环，确保所有成员都走在对的路上。

Leadership

第四节　斯坦福的领导者鉴定

作为一名领导者，我们如何才能确定自身哪些方面做得好或不好呢？换句话说，我们如何才能确定自己是一位好领导？在斯坦福大学商学院的课堂上，有这样一套领导者鉴定测试，我们不妨尝试一下。

斯坦福大学领导能力评估
LEADERSHIP ASSESSMENT

沟通能力（communication）

听 Listening：

1. 倾听但不一定能够提出问题以增进理解

2. 倾听而且常常提出恰当的跟进问题

3. 积极地倾听而且提出切中要害的跟进问题

4. 积极地倾听而且理解其他人观点中的潜台词

5. 积极地倾听而且理解其他人观点中的潜台词及其出发点

说 Speaking：

1. 有时漫无边际而且偶尔不知所云

2. 一般都切中问题而且有条理

3. 清晰地表达观点而且有良好的阐述结构

4. 有说服力地表达观点；根据受众来组织内容

5. 完全面向他人的表达；根据受众来组织内容

个人品格 (integrety)

尊重他人 Respect for Others：

1. 有时以自我为中心或者过度自恋

2. 经常和他人分享赞扬和成绩；通常能够尊重他人

3. 总是和他人分享赞扬和成绩；一直能够尊重他人

4. 从不把赞扬和成绩据为己有；对所有人都能够有礼貌而且尊重

5. 接受赞扬时总是谦和有礼，并且欣赏他人的努力；对所有人都谦虚而且尊重

值得信赖 Trustworthiness：

1. 偶尔在可信度方面有小缺失

2. 通常意图明确，行动有持续性

3. 在困难的情况下也能够意图明确，行动有持续性

4. 即便在其个人需要付出代价的情况下也能够做到诚信、可依赖

5. 绝对的诚信可依赖；因之而增加组织的声誉

人际能力 (interpersonal skills)

激励他人 Empowering Others：

1. 总是在讨论中占主导地位，显得比别人都聪明

2. 礼貌地倾听并恰当地表示关注

3. 鼓励他人的观点和其他的视角

4. 重视而且提升他人的能力并帮助他人胜任其工作

5. 不断地激发出他人最佳的品质并使其成功、自信且卓有成效

影响力 Influence：

1. 显示出有限的影响力技能

2. 正开始扩展其影响力技能

3. 已发展出广泛的影响能力

4. 使用包括微妙的策略在内的多种影响力技能，在所任职的范围内被认作驱动者

5. 采用综合的策略建立共识；被组织内所有的人认作核心驱动力

关系经营 Relationship Management：

1. 一般不与他人建立亲密的人际关系

2. 在所任职的团队范围内建立亲密的人际关系

3. 在所任职的团队范围内、外都建立亲密的人际关系

4. 有着广泛的有成效的关系网；可利用关系来促进自己的工作

5. 培养广泛的互利的关系；分享关系以利于整个组织的工作

动力和动机 (motivation)

能动性 Initiative：

1. 能够完成指定的工作，如果不经他人指点的话经常会错失机遇

2. 能够完成指定的工作，能够抓住大多数机遇

3. 能够看到而且抓住被大多数人错失的机遇

4. 持续地具有能动性并寻求机遇；对于结果负有责任感

5. 有独特的寻找并抓住机遇的能力；提升整个机构的效能

适应力 Resilience:

1. 有时会因干扰或者挫折而降低效能

2. 能够迅速从小挫折中恢复

3. 不会因小挫折而气馁

4. 在大挫折前依然表现乐观，保持高效能

5. 将逆境视为能力上的挑战，转而持续地提升效能

解决问题 (problem−solving)

好奇心 Intellectual curiosity:

1. 对于手头的问题表现出兴趣

2. 对于手头工作之外的问题也经常表现出兴趣

3. 对于呈现的问题表现出强烈的钻研兴趣

4. 总是乐于学习；展现出知性的热情和投入

5. 对于挑战全心投入；被机构中认作思想的领导者

综合能力 Synthesis:

1. 在适当的指导下能够理解分析工作中的复杂性

2. 无需或者只需很少的指导便能够了解工作中的复杂问题

3. 在工作中能够独立形成结论

4. 能够持续地认知各种复杂情况并给出建议

5. 能够给出有见地而且能够付诸实践的建议

自我意识 (self−awareness)

自我评价 Self−assessment:

1. 有时低估或者高估自己

2. 显现出对自我能力的准确了解

3. 展现出强烈的对自我能力的认知

4. 展现出强烈的对自我能力的认知以及他人对此的感知

5. 展现出非凡的对自我能力的认知以及他人对此的感知

反馈反应 Response to feedback:

1. 对批评和攻击抵触

2. 接受批评和攻击并相应地调整自己的行动

3. 探究批评和攻击的缘由并相应地调整自己的行动

4. 主动而且迅速地改进自己的弱点

5. 主动而且迅速地消除自己的弱点

自我管理（self-management）

判断力 Judgment:

1. 必须被告知未明示的行为准则，需要相当多的指导

2. 明白机构中基本的价值观和行为准则

3. 在适度的指导下能够做出好的决定；能够权衡利害

4. 即便没有指导也能够做出好的决定和恰当的调整

5. 主动寻找忠告；能够承担适当考量后的风险

任务管理 Task Management:

1. 拖延且有时不能按时完成

2. 通常按部就班，有时需要敦促才能按时完成

3. 能够协调工作进度而避免最后一刻的突击；能够预见潜在的困难

4. 能够协调工作进度而留有提交前复核的余地；能够掌握预期值

5. 能够协调工作进度且完成复核并且超要求地完成工作

做完以上测试，你是否已经发现自己的不足和缺陷在哪儿？很显然，上面的答案是从 1 到 5 逐渐变得更优秀，如果你全部达到了"5"的标准，那么恭喜你，你是一位合格的领导者；如果有些尚未达到"5"的标准，那么就请不断朝着更优秀的方向努力吧！

Leadership

超越企业文化之
上的领导者文化

Leadership

Leadership

第一节　领导文化

所谓领导文化就是一种领导者智慧的体现，从广义上讲，领导文化代表领导者在生活、工作过程中改变他人、带领团队的一切活动和思想，是一种创造性的精神，一种团体生活状态的提升。

领导文化包括领导者文化、团队文化以及心理文化等多方面的因素，但是从狭义上讲领导文化就是一种观念，一种改变他人、改变世界的观念。而我们现在所需要探讨的就是从斯坦福大学公开课中展示的领导文化基础——领导才能，只有具备了这种最基本的领导文化，我们才能从观念上改变他人，改变世界。

首先我们要了解领导文化是从团队中产生的，因此我们无法从个体中学习到领导文化的含义，这表示领导文化的学习需要从大局出发，而不是从一个领导者出发，简单学习模仿一个成功的领导者不会让我们了解领导文化的含义，也无法获取成功。我们需要学习成功领导者的团队如何运作，领导者从中起到的作用，以及领导者的思想体现。

而这种基础领导文化的培养需要我们从不同的方面同时进行。正如斯坦福大学著名博士 Jane Woodward 所言，领导力是一种复杂的能力，而不是领导者特有的某一种能力。而领导力当中的重要因素——领导文化同样也包含了多个侧重点。

第一，信念。信念是领导者从事长期团队活动中形成的一种对未来目标保持的恒久观念与信仰。在领导文化中，信念起着一种引导团队价值判断和情感倾向的作用。只有具备坚定信念的领导者才会为团队带来归属感，领导者才能获得认同感、信任感。

第二，心态。领导者心态不仅关系到领导者自身，同样决定着团队的价值取向和理想目标。领导者心态可以通过团队的表现和外部影响被他人感知。从本质看来，领导者正确的心态应该是在完善的信念体系中建立的，包括现实因素、情感因素和价值因素三方面。只有把三者平衡后，领导者才可以保持合理的心态，从而制定合理的决策。

斯坦福大学在展示领导力培养的过程中对领导文化并没有专门的讲解，但是我们可以从多方面看到领导文化的重要性。领导文化作为领导力的主要组成部分，必然有其不可替代的作用。我们可以从不同的领导风格中提炼出不同类型的领导文化，但是它们又具备了几种相同的特性。

传统性

在一定时期内，或者在一定的文化背景、民族性格下，某种领导文化的特性都会延续很长时间，虽然不同时期展示的特色不同，但是本质没有改变，这就是领导文化的传统性。

例如美国的开放式领导文化，至今仍在延续。美国领导文化表现为民主化、分权化、专业化，历经时代的转变虽然变得更加深刻了，更加多样了，但是依然特点鲜明，这些符合当前社会性质，符合人际交往的文化元素，是领导者们需要学习的重点文化。

跳跃性

领导文化的跳跃性也是非常明显的，虽然领导文化会延续以往文化的优点，但是在延伸和完善的过程中会多次出现质的飞跃，而这些超越与完善就是领导文化跳跃性的表现。我们可以从两方面来了解领导文化的跳跃性。

第一，我们上面提到领导文化集合了以往文化的优点，经过延续、继承或者扬弃之后符合全新的社会局面，同时又都具有时间与空间上的切合性，具有传统领导文化转移和升级的特点。

第二，领导文化是人类文化的重要组成部分，因此领导文化必然是不断流传的，而在这一流传过程中，新鲜元素的诞生就是领导文化跳跃产生的原因，因此优秀的领导文化离不开新时代新元素的结合。

政治性

政治性往往是一个非常敏感的词语，但是领导文化中政治性的重要不可不提。列宁先生曾说过："一个阶级如果不从政治上正确地处理问题，就不能维护它的统治，因而也就不能完成它的生产任务。"

团队同样遵循这种规律，领导者的地位、领导者的职权同样附带一定的政治性。虽然这种政治性无法转化为政治活动，但是必须遵循政治理论。好比今日的民族企业、环保企业，这些企业遵循了政治发展方向就会得到大力推崇，而领导文化也会被倡导，这就是一种政治嗅觉与经济头脑的结合，这就是一种领导文化的体现。

领导文化从古至今已经变幻了多种形式，每一次卓越领导文化的出现都伴随着社会经济、政治文化的进步与发展。我们从多种卓越领导文化中对比出中西方的区别，汲取了双方的优点，从而总结出了领导文化提升的四大重点。

第一，文化基础。所谓文化基础是从中国古代领导文化中提取的。如古代社会领导文化中儒学、法学等经典文化韵味浓厚，这对中国领导文化发展起到了重要的作用。我们从中看到了许多优秀的领导观念。虽然今日的社会已经发生了天翻地覆的变化，但是基础文化的重要性依然无可替代。因此，领导者提升领导文化的首要方式就是重视基础文化，运用基础文化，从而丰富自己，进行一种领导文化的传承。

第二，文化结合。单纯从领导文化结合的方面讲，古代西方文化结合要强于中国，因为从贸易发展的角度上讲，中国生产能力虽强，但是管理能力、领导能力很弱，导致中国古代出口贸易出现疲软的症状。而西方人在吸取了中国领导文化的精髓之后，又结合了自己的文化特色，因此西方的领导文化表现出更多样式，社会经济发展相对传统奴工制的中国领导也要快很多。

因此，今日的领导者需要学会中西领导文化的结合。这种结合要根据地域的不同而展示不同的方式，不能千篇一律，毫无区别，如此便会出现中国团队无法走向国际市场的局面。

第三，经验总结。无论是中国还是外国的领导文化，经验总结都是一种必然的文化基础。这些传统领导文化的积累和沉淀为今日的我们提供了太多的财富。想要提高自身的领导文化水平，必须了解曾经的领导文化经验，并学会学以致用。从他人经验中总结自己的方法，从他人的方法中总结自己的理论。正如斯坦福大学公开课的目的一样，今日有大量的成功经验可以供我们参考，从这些成功经验中总结领导文化是领导者的一种本职工作。

第四，科学运用。正如我们上面提到的领导文化的跳跃性。领导文化的提升必然要结合先进的科学观点，具备一定的时代特征。这就要求领导者不断提升自己的领导表现方式，不能用落伍的领导方法，即便是相同的领导理论也要用最卓越的方法展现出来。

从这四点中我们可以获取领导文化提升的方法。作为领导力的基础力量，领导者也必须遵循这些规律。很多领导者把领导文化当作一种追求而不是基础，这成为领导者提升领导力的阻碍。文化基础是国民生存之本，领导文化是领导者诞生之根。

警醒之言：

重要的不是知识的数量，而是知识的质量，有些人知道很多很多，但却不知道最有用的东西。

——托尔斯泰

Leadership

第二节　领导文化的升级——市场文化

相信很多领导者都知道文化市场，但是对市场文化一词还比较陌生。其实市场文化是与领导者息息相关的文化理论，是我们检测领导文化的测试仪。成功的领导者也许没有一个明确的市场文化定义，但是拥有十分卓越的市场文化理论。

例如，市场领导者，这一名词我们都清楚，所谓市场领导者是指在当前市场中相关产品的占有率最高的企业。市场领导者拥有市场价格调整、产品发展动向以及配销覆盖范围的控制权，市场领导者不仅主导着市场，而且引领着市场。那么，作为市场的领导者，是如何导向市场，又是如何应对竞争挑战的呢？

我们可以从斯坦福大学的这次公开课中找出答案。在斯坦福大学的这次公开课中，我们看到多位当前各类市场的领导者。而这些成功者在讲解市场文化之时，并没着重对市场主导、控制的理论进行讲解，而是一种经验分享，一种对市场的透彻分析。由此我们可以看出，想要加深自己的市场文化，必然要对当前的市场有深切的感知。

所谓市场并不是单纯的商品贸易聚集地，而是由人类需求、欲望、策略所构成的文化交流地。在市场中，出色的领导者可以带领企业用交换的方式满足多方面的需求，甚至左右他人的思想，满足双方、多方的欲望。正如苹果诞生后，有人愿意卖肾购得一部苹果，还深切感激苹果的创造者乔布斯一般，这就是一种领导者的霸气，一种市场文化的呈现。

在此，我们从斯坦福大学多名成功领导者对市场文化的解析中总结出提升领导者市场文化的战略方式。

首先，提升领导者对市场需求的认知。换而言之，领导者必须有大局观，从市场的每一个角度出发做出"领导动作"。领导者必须学会如何扩大市场需求，从市场发展的第一步展开领导策略。

领导者想要主导市场、扩大市场需求可以从三方面入手：

1. 客户文化。通过发现新客户、扩大老客户的需求来扩大市场需求量，是领导者的必修课，也是领导者从在市场中随波逐流变为乘风破浪的第一步。扩大客户需求，必须满足客户的欲望，而有效的策略则诞生于领导者的大脑中：

（1）市场渗透策略。了解客户深层需求，了解商品之上的商品，这才是领导者区别于管理者的思想深度，才是市场文化的精髓。

（2）未知地域扩展策略。对于领导者而言，未知区域并不是边缘地区，而是针对需求的多少而划定的。相信很多领导者都听过一个经典的故事：两个鞋业生产商到达一座小岛后发现，这里的人受民族文化影响，从来不穿鞋子。于是第一个生产商表现得十分沮丧，对自己的员工说："这里根本没有市场，因为这里的人从来不穿鞋子。"而第二个生产商则表现得非常兴奋，对自己的员工说："朋友们，我发现了一座金矿，我们腾飞的机会来了，如此大的一座岛屿，这么多人居然都没有鞋子穿，我们一定要尽快占领这片市场。"

相信谁是真正的领导者我们已经有了定论，而这就是领导者市场文化的不同表现出的差别。

（3）市场提升策略。市场提升策略并不是单纯针对第一条客户深度需求制定的产品提升，而是一种市场整体素质提升。其中包括产品多元素的结合、产品更新速度加快等多种策略，领导者需要做的就是时刻引领市场，用更少的产品满足更多人的需求。

2. 产品文化。其实我们在第一条中已经提到了领导者根据客户的需求提升产品的策略，在此我们需要学习斯坦福大学公开课中讲述的市场产品文化。许多领导者获得最终的成功，并非在最初的领域中，而是经过了无数转型和发展后得来的成果。在这种变化中领导者所需明确的就是产品文化。

产品文化以市场为中心，以客户为目标，而不是以产品本身为主导。这就要求领导者具备睿智的思想，思考如何带领企业从顺应市场走向主导市场，而不是永久地为生存和利益奔波。

3. 周期文化。市场周期文化是指产品的使用寿命和需求周期。领导者需要注意的是市场的需求周期并不是单纯由产品寿命控制的，产品升级、更新换代等都可以促使市场周期变动。另外，领导者还可以从其他三方面来掌控市场周期。

（1）产品使用次数。领导者应当思考产品的使用方法和使用次数，以及产品的磨损情况，如此才能准确地把握市场周期运转。

（2）产品的额外磨损。领导者对产品的使用情况有了解，但还需要对不同情况、不同使用者进行分析，这是从全面的市场角度出发，认识到市场中何处周期交替频繁，何处周期相对较长，这些都是领导者对市场的把握。

（3）增加产品的使用范围。领导者对产品的扩展就是对市场的扩展，而市场扩展则代表市场需求加大，这也是目前市场中各种产品创新的目的，是领导者对市场文化的思索。

其次，提升了领导者的基础市场文化之后，领导者还需要具备一种安全的市场思考，这种思考是领导者带领企业安全稳步发展的保证。领导者想要带领企业防备来自市场的各种进攻与挑战，必须先做到阵地固守，才能够有效反攻。进攻固然依靠团队实力，而何时出击则需要领导者的精确指挥。

市场竞争激烈，成功的领导者即便当前处于弱势也可以自保实力，暗中成长。可以说斯坦福大学公开课中各位成功领导者都是在市场中打防守反击战的高手，这些领导者蛰伏蓄力的目的就是等待一个机会，从而获得突破一举成名。而这种市场文化也是所有领导者需要学习的精髓之处。

1. 坚守不退。领导者在全面地分析了市场局势之后，可以先采用一种静态防守的策略，用来储备团队的基础经济实力与生产实力。这就需要领导者放平心态，抵制市场利益的诱惑，专心发展现有市场，并把当前市场巩固到他人无法渗入的地步。

2. 空间防守。所谓空间防守是指领导者无法保证当前市场的所属权，但是还具备一定市场竞争实力时，可以采用跳跃式的防守方法。例如，稳固原材料获取渠道，更改市场发展策略，这种防守方式需要领导者具备远见谋略，清楚市场运作的各种特点。

3. 移动防守。移动防守需要领导者具备活跃的思维，当无法确保大面积市场时，则确保自己在市场的每个角落都具备一定的基础，可以随时转移市场重点，躲避最激烈的市场竞争锋芒。

4. 进攻防守。进攻防守主要是针对空白市场的占取。当多方同时发现空白市场时，领导者所看重的不应该是当前的利益，而是长久的发展，以最快的速度、最大的优势占领更多的市场，并用低价格、高品质的方法稳固住市场，抵御竞争对手的渗入。这就需要领导者有宽广的心胸与远见，可以放弃一时的利益，换回长久的回报。

5.收缩防守。收缩防守大部分运用在企业处于劣势或者被动局面时。这时领导者需要指导企业主动放弃一些利益市场，或者转移一些市场，以保证企业、团队可以在市场中继续生存，正常运作，如此才能再谋发展。这时需要领导者具备一定的韧性，不惧怕失败的考验，从中获得新生。

市场文化对于领导者而言是一门非常高深的文化，也是领导者将领导力转化为实际利益的准则，领导者对市场文化的提升不是以市场多少衡量的，而是由领导力的转换程度决定的。

Leadership

第三节　领导文化的升华——领袖效应

具备了基础领导文化的领导者并非一定可以成为未来的成功者。虽然未来是领导者的时代，而非管理者，但是只有在领导文化聚合升华之后，领导者产生了领导效应，方才算得成功。

领导文化的升华需要领导者从思想上提升。首先领导者要清楚，"领导"二字并非头衔、特权、利益，而是一种品质，无论何时何地，领导者都可以附带强大的影响力，改变他人的思想与行为，形成一种扩展性的效应，这才是领导文化的升华。

斯坦福大学公开课中的领导者给人一种怎样的感觉？羡慕、崇敬还是嫉妒？都不是，他们的话语、动作、表情可以让人产生一种不自觉的模仿欲望，产生一种境界的向往，虽然这与他们的社会地位有着直接的关系，但是这就是领袖效应的作用。

领袖效应的散发不是靠话语而是靠能力。简单地讲，领导者之所以产生领导效应，具备强大的影响力，是因为他们的能力。正如现代管理学之父彼得·德鲁克大师所言，今日是一个能力管理、效应领导的时代。而杰克·韦尔奇教授也分析出了增强领导者影响力的三大因素：

第一，自我服从感。所谓自我服从感是指领导者想要产生威严的气质、权威的效应，就需要有严格的自我服从意识。下属服从领导的前提是领导值得下属服从，因此领导在下属面前必须严格要求自我，令下属由钦佩产生一种服从感，而不是对权力的畏惧。

这种由敬佩产生的服从是领导者影响力的表现之一，而且这种影响力非常容易产生领导效应，制造一种领袖氛围、领导环境。

一般说来，服从是一个从不自觉被迫转向自觉的过程，在这一过程中质的转变尤其重要。领导者如果可以依靠自身的影响将不自觉转化为自觉主动，则转化成功。如果是从不自觉转化为被动服从，则转化失败。

就下属而言，走向领导者的道路必然是在服从与忠诚中进行的，以求尽快成为领导者。很多下属都会不自觉模仿领导者，这种模仿也是一种领导效应，但是效应产生结果则不相同。没有自我服从感的领导者永远无法带领出严格团队，而一个自我要求严格的领导者无论多么低调，他的团队一定十分强大。

由此我们得出，领导效应不是一种单纯的个人崇拜，而是品质的追求。

第二，职能掌握。领导者的职权往往令人产生敬畏感，但是领导者能否令团队产生敬畏感决定着领导效应的产生与否，而这就需要领导者有一定的职能掌握力。

一名成功的领导者无论他身处何地，其产生的影响力都是不会改变的。举例来说，领导者在工作时间内，团队成员对其言听计从；当领导者处于其他时间、其他地点时，如果团队成员同样可以对其产生敬畏与服从，则代表领导者的掌握力非常到位。

领导者的职能掌控力主要可以分为两方面：

1. 称职。称职可以让团队成员钦佩，可以获取团队的信任，从而产生一种主动服从感，这并不是来源于我们上面提到的领导者的自我服从，而是对领导者能力的肯定。

2. 效率。效率代表团队的利益获取速度。如果一位称职的领导者同时还可以提升团队的效率，那么他可以获取更多的支持，他对团队的掌控也更加彻底，从而产生一种状态，只要领导者在场，团队无须指挥也可以非常熟练高效地运作。

这就是领导者的职能掌握力，提升这方面的能力可以促进领导效应的生成。

第三，经验积累。经验积累作为领导者影响力的决定因素，是三大因素中最为重要的一点。经验是领导者最宝贵的财富，它反映了领导者的生活阅历和领导能力。经验虽然不能决策未来，却可以帮助领导者整合出好的未来决策。

在这里，我们要说明一点，领导者的经验累积并不是简单的工作能力累积，而是领导风范、领导气质的沉淀。很多人对这种有着丰富领导经验的领导者会产生敬重感和信服感。这一切就来源于领导者曾经成功的经历。

积累的领导经验可以促进领导者的领导有效性，当领导者接触一个全新的团队时，团队对领导者的敬重程度很大一部分取决于领导者的经验积累程度，这种影响力的性质附带一种扩散性，深厚的经验可以促使更多人产生一种信任感。

虽然经验不能与领导力成正比，但是经验的积累是领导者提升领导文化的必要条件。经验是领导者领导新团队的一种"预热"，是领导者展示给团队的一种面貌，也是团队整体的一种实力。

另外领导效应的生成还需要领导者对外界环境有一定的把握。不同的阶段，领导者需要创建不同的团队发展框架，令团队完美地切合自己。

1. 开创阶段。领导者作为团队核心，在开创阶段必须保持有活力、有激情的状态，或者学会营造这种气氛，让团队感觉到强烈的自信与激情。

2. 建设阶段。建设阶段的团队更需要领导者潜移默化的影响，在这一阶段中领导者要缔造属于自己团队、适合自己团队的领导文化，确保团队的价值观一致，确保团队不会对外界的压力产生恐惧，确保团队可以在激烈的外界竞争中走出一条坚定的道路。

3. 发展阶段。发展阶段的团队是领导效应发挥的重要阶段。这段时期，领导者处于团队舵手的位置，当团队具备了自主运作能力，寻求发展之时，也正是领导效应扩散之时。这时领导者必须在外界的纷扰中找准方向，确保团队的正确发展，确保领导效应良好扩展。

4. 变革阶段。变革阶段的领导者是先驱者。这时领导者所需要产生的领导效应只有一点，就是以身作则，抵制外界利益的诱惑，确保变革顺利进行。

领导效应是领导文化的一种升华，在这种升华下，领导者的形象会产生一定的变化，甚至在团队中的作用也会有所不同。然而只要领导者从自身规范自己，从外界认清方向，那么领导文化的升华就可以促使团队整体升级。

领导效应即团队效应，领导文化便是开创团队文化。

Leadership

第四节　领导文化的鉴定——领导思想

什么样的领导者最具凝聚力？什么样的领导者带领的团队最持久？企业高管，不是国家官员，而是某种程度上的宗教领导。用领导者的眼光去看待宗教组织，我们会发现一个不解的问题：为何在宗教组织内，没有高额的薪水，没有优厚的待遇，但是组织内的每一个成员，甚至是幼儿，都对宗教保持着不变的忠诚、积极的态度，自觉遵守着宗教中的每一条制度，致力于发展宗教传统？

因为他们拥有一种宗教思想，而这种思想完全可以被称为领导思想。

斯坦福大学公开课中也曾提出过这样一个问题：为何许多领导者为员工配备优厚的待遇，却无法获得最高的忠诚？领导文化名存实亡，领导者每日与团队成员斗智斗勇，团队发展磕磕绊绊。

领导者应该从宗教思想中借鉴什么呢？思想提升，人生启示。正如我们前面提到的，成功领导者需要在不同时期选择不同的领导方法。很多领导者在团队发展阶段往往注重现实待遇的配置，以利诱导，当团队内部自主思想形成之后，再想要改变则为时已晚。因此，领导力离不开领导思想，而领导思想需要领导者在恰当的时机以恰当的方式对团队进行灌输。

我们现在一起探讨一下领导者如何培养正确的领导思想。

首先，我们从宗教信仰中得到的启示是宗教思想重在度人，重在指导人生。任何一个宗教教徒都会时刻感受到一种使命感，对自己的宗教信仰心怀崇敬。而团队也需要这种思想，需要领导者指引自己的团队成员对团队的未来、对团队的发展充满激情与美好向往。

其次，领导者诱导团队成员的方式不能只保持在现实利益中，应该以未来愿景、事业心为主导，领导者不仅要引领员工，更要感动员工，以此为宗旨，才能建立完善的领导思想。

最后，团队发展依靠的不是管理而是领导。领导者必须具备独特的思想，具备市场大局观，具有领袖风范。如此，团队才能具备良好的发展方向，团队成员才能够保持忠诚与信任。领导者的梦想是建立在团队成员梦想之上的，只有帮团队成员实现了他们的梦想，领导者才能实现自己的梦想。同理，领导者的思想也需要建立在团队成员思想之上，只有满足了团队成员物质利益和人生意义之后，领导思想才能完善建立。

总而言之，领导思想是一个把团队成员思想整合、传递、升华、实现的过程，也是领导者带领团队发展的方向。

在斯坦福大学公开课中我们领略到了领导思想的精髓之处。成功领导者应有的思维方式应该从以下几方面展现：

第一，团队统帅能力。团队统帅能力不仅是领导思想的呈现，更是领导思想的诞生。很多领导思想都是在领导者对团队统帅的过程中诞生的。这种思想不是依靠某种策略、某种管理方法体现的，而是团队高效运作时领导者总结得来的。统帅能力是领导思想产生的必备条件，也是必要条件。

第二，领导思想不应该只体现在团队工作当中，而应该时刻影响团队成员对外界的认知以及现实活动。人的思想是看待、评估事物的标准，也是人们分析问题的主要工具。但是一个人的思想形成往往受外界影响很大，尤其是一些直接的思想指导。

因此，领导者对团队成员的思想指导不应该只针对工作，而应该具有全面性，这也是卓越领导者应有的思维方式。

第三，敏锐的思维方式。领导者具备敏锐的思维方式是领导者把握团队运行方向和运作方式的基础。团队成员思考的是工作方式，领导者思考的是团队的工作方式；团队成员会主动体现自己的长处，而领导者需要找准团队成员的不足。这些细节正是领导思想的细节，当一位领导者具备了敏锐的领导思想后，团队才能形成整体、统一的团队思想。

第四，领导方式选择。这里提到的领导方式选择是指领导者的领导方法，领导者需要根据不同的阶段采用不同的方式。

正如我们开篇提到的宗教领导思想如何运用到团队中才可以发挥最大作用，这就需要领导者在恰当的时机选择正确的领导方式。假如领导者在团队现实利益还处于薄弱阶段时强调思想，那么团队会感觉领导者不切实际，每日画饼充饥。

而假如领导者一味强调现实利益却忽视了团队的思想升华，则最后会无法获得团队最真的忠诚，团队的欲望也会急速扩大，直至领导者无法满足为止。

因此，领导者必备思维之一就是领导方式的恰当选择。根据团队的实力，根据团队的性格，合理分配利益与思想的比例，确保两者共存，团队平衡。

第五，展示领导艺术。市场客观环境瞬息万变，领导者不仅需要具备强势的市场掌控力，还需要学会将这种能力转化为领导艺术，令自己的团队产生敬佩感。实现这一过程需要领导者统筹的规划、精确的指引，利用自己的经验与辩证思维展示有选择性、开创性的才能。

这种领导艺术可以将领导力转化为非程序化、非规范化的领导方法，转化为一种有学识、有智慧、有胆略、有品格的领导思想。在团队发展中，这种领导艺术可以随时转化为团队需要的领导力，根据客观环境随机应变，带给团队良好的发展效果。

这五点是领导者应具备的基础领导思维，当领导者全面具备之后则可以带领团队创造独特的领导思想，凝聚长久的领导力、竞争力与发展力。在此，我们还要规避两点错误的领导思想，为领导者领导力的提升敲响警钟。

第一，绝不能出错。领导者如果对自己的团队进行"绝对不可以出错"的思想教育则很容易带来团队的失败。这种思想往往带给团队的是不安，导致团队内部成员分化，人与人之间的默契减少，团队成员开始尽量减少自己的责任，导致团队运作出现衔接断裂或者运作阻碍。

因此，"绝对不能出错"的思想是领导者需要屏蔽掉的，即便是工作要求如此，领导者也应该转换方式实现减少错误的目的。

第二，压迫思想。所谓"压迫思想"是指领导者依靠职位与权力强行压迫团队完成某项任务的想法。这种思想从本质上令团队成员处于被动位置，无法实现潜力最大化，即便在压迫下完成任务，质量也必定受到影响。在这种情况下，领导者应该采用的是鼓励或者带动的方法，从思想上给予团队成员激励与希望，令团队自发、主动地运作，从而达到领导者与团队共赢。

这两种错误思想是领导者常见的错误，也是团队发展的重要阻碍。

领导思想是领导文化的重要组成部分，当领导思想无法形成之时，团队发展目标也无法实现。很多领导者有时感觉辛苦培养的团队有脱离自己的趋势，这就是领导思想匮乏的表现。领导者应该是团队的带领者，而不是利益追求者，只有领导者从思想上完成了对团队的掌控，领导力才能得以体现。

Leadership

斯 坦 福 博 士 Jane
Woodward——
领 导 者 要 有 思 想

Leadership

Leadership

第一节　新时代新思想

在斯坦福大学企业思想领袖论坛第八课上，讲师乔什·马科威尔说了这么一句话："这是一个飞速发展的世界，甚至有科学家曾经说过，没有人能想象得到两年后的社会会变成什么样子。但是即使如此，想要成就人生，成就事业，我们也必须去策划明天，预见未来。这就需要我们有预见性，能够看到别人看不到的东西。没有预见性的人只能看到自己眼前的、摸得着的东西。而相反，有预见性的人心中装着整个世界。如果想要成大事，就必须锻炼你的远见卓识。"

对于领导者来说，没有什么比成功更令人向往的了，但是，如何才能成功？尤其是在现代社会，人与人之间的关系、企业与企业之间的关系、市场与市场之间的关系都比从前复杂得多。而成功就更需要勇气与方法，美国作家唐·多曼在《事业变革》一书中曾提到过"把眼光放长远"是踏上成功之路的一条捷径。

是否拥有预见性与一个人的职业无关，他可以是一名清洁工，也可能是一名银行家，还有可能是一名货车司机、大学校长、公司职员等。世界上最穷的人并非是那些身无分文的流浪汉，而是那些没有远见卓识的人。

假如你拥有所有的一切，但是缺乏预见性，那么明天你就很有可能会一无所有。生活中不到处都是这样的人吗？

未来向所有人张开手臂等待着，幸运之神永远不会偏袒任何人，一个缺乏远见卓识，不能够洞察未来的领导者，往往只能看着机会悄悄溜走，到头来一无所获。

1979 年，中国的改革开放刚刚开始，法国施耐德电气公司就看到了未来中国市场的潜力所在，他们迫不及待地来到中国，在平顶山签订了投资中国的第一个项目，但是这笔投资因为政策问题最终石沉大海。

1983 年，施耐德第二次来到中国，依然无功而返。不过，施耐德公司并没有放弃在中国继续寻找投资机会。1992 年 6 月，施耐德公司国际部成立，哈佛管理学院毕业的 MBA 安德贺成为国际部的总裁。正当他踌躇满志地寻找商机时，在一位同事的建议下，他准备去天津一家企业看看。

就这样，安德贺带着自己的夫人第一次来到了中国，并且收获颇丰。几年之后，安德贺不无得意地向周围人炫耀自己的远见："当年，中国的浦东还是一片沼泽地，但我从东方明珠只露出的那一个角上，看到了在中国投资的希望。"那次中国之行坚定了他在中国投资的信心。之后，他果断地与中国展开合作合资，在天津成立了合资公司，即现在的梅兰日兰公司。

现如今，施耐德这个拥有 150 余年历史的法国老品牌已经在中国这片沃土上扎根结果，并在多元化的经营过程中成为国际知名的电气公司，其业务获得了长足的发展，现如今已经拥有 8 家合资企业、16 个办事处以及 300 多家分销商。其中，中国分公司的业务量在全球位居第六，并且以每年 30% 的速度飞速提升。预计在未来几年的时间里，将会成为仅次于美国公司以及法国总公司的第三名。

在中国市场的巨大成功也让施耐德公司强烈感受到，未来是向有准备的人敞开的，只有预测未来出现的机会并且马上着手行动，市场前景才会越来越好。

无独有偶，在中国也有很多企业曾因为有远见而获得巨大收益，湖北美尔雅集团就是其中之一。美尔雅集团是一个出口额占湖北全省三分之一的名牌纺织服装企业。美尔雅集团的董事长罗日炎在谈起美尔雅的壮大时说过这样一段话："加入 WTO，对美尔雅来说，未来的机遇在于今后服装出口配额将取消。省去了以前争取配额的烦恼后，企业出口量增大，对于拥有年产高档西服 100 万套、各类时装 450 万套、精纺毛料 180 万米、高档化纤面料 2100 万米的美尔雅集团来说，是一个加快发展的好时机。但天上不会掉'馅饼'，出口型服装企业应该更努力地奋起拼搏才能发展。事实上，我们两年前就已经开始做准备并预见到今天这一发展趋势了。过去的美尔雅，完全依赖外商，依赖日本一个市场，属于单纯的服装加工出口。在日本市场上，美尔雅加工出口的西服已占中国出口日本产品总额的 26%，占日本市场西服销量的 5%。但我们并没有依赖日本市场，而是加大拓展东南亚、西欧、南非等市场一般贸易的力度，一般贸易额从开始的几十万美元增加到了现在的 1000 万美元，产品出口 20 多个国家和地区。2002 年出口高达 1500 万～2000 万美元。"

成功的人之所以成功，原因只有一个，他们能够把其他人眼中很普通的事情变成一种机会，他们具备有远见的思想。

那些善于策划未来的领导者在发现机会时就开始急速思考，运用他们超人的思维种下一颗种子，总有一天，他们的付出会得到超值的回报。有思想的领导者会发现，可供他们选择的道路越来越宽阔，越来越平坦，他们走得越来越快。

巴克斯顿说："即使在人生中，也和国际象棋一样，能聪明地预见的人才能获胜。随着社会越来越发达，变化日益加快，想要取得成就，没有

125

远见是不行的。"

李嘉诚说："好的时候不要看得太好，坏的时候不要看得太坏。最重要的是要有远见，杀鸡取卵的方式是短视的行为。"

凯瑟琳·罗甘说："远见告诉我们可能会得到什么东西，远见召唤我们去行动。心中有了一幅宏图，我们就从一个成就走向另一个成就，把身边的物质条件作为跳板，跳向更高、更好、更令人快慰的境界。这样，我们就拥有了无法衡量的永恒价值。"

只要领导者拥有思想，做事就会有目标，因为他们知道做这件事有什么意义，他们为什么要做这件事，他们做好了这件事会有什么样的回报。这样一来，他们就能够从努力中获得成就感，获得乐趣。

那么，领导者该如何培养自己的远见呢？

1. 多读书。

书中自有黄金屋，书中自有颜如玉。读书是我们拓展知识面、开拓眼界的最佳渠道，因此，多读书，读好书，是我们提高眼界和远见的一个重要渠道。

2. 多与比自己优秀的人接触。

近朱者赤，近墨者黑，如果我们总与那些比自己优秀的朋友打交道，那么我们的眼界也会开阔许多。去结交那些比我们优秀的朋友可以在不知不觉间提高我们的水平，让我们具备更长远的目光。

3. 多看新闻，多了解时事。

优秀的领导者善于从新闻中看出商机，具有远见的人能从一份几百字的报道中揣测出几年后的巨大商机，多看新闻，多了解时事，既能拓宽我们的视野，也能让我们寻找到机会。

拥有远见，就能够预见未来。缺乏远见的人会被未来弄得惊慌失措，变化会让他们觉得无所适从，随风飘荡。他们不知道未来等待他们的会是什么，也不知道自己会落到哪个角落中。而那些眼光长远、视野开阔的人，加上自己的勤奋努力，将来就更有可能实现自己的目标。诚然，未来是不确定的，但是只要我们拥有思想和远见，那么我们成功的概率就会更高。

心怀远见并且善于等待，我们就能够发现很多的机会，而有了机会就意味着你已经半只脚踏入"成功者"俱乐部的门槛了。

Leadership

第二节　领导者独有的思想理论

斯坦福博士 Jane Woodward 有这样一句名言："我不知道你们为什么称我为领导者，我很少有时间提醒自己是一个领导者。或许这就是你们称我为领导者的原因吧。"这句看似前后矛盾的名言，表现了一种领导者独有的思想理论，也是一种领导力的另类诠释。

领导者应该如何随时保持领导者风范，随时注重领导者形象，随时提醒自己领导者的身份？其实这些都不重要。成功的领导者对"领导"二字并不重视，他们重视的是领导力，是领导者的思想。而且每个成功领导者都具备异于常人的独特思想。

以世界最大能源公司——BP 公司领导者 Jane Woodward 为例，她作为斯坦福大学的博士，对领导力就有着一种独特的看法，我们开篇提到的名言只是其中之一，她对领导力的认知非常直接，非常准确，同时非常到位。

首先，虽然 Jane Woodward 博士并不是 BP 公司的创始人，但是她对领导者的创造力非常重视。在 Jane Woodward 看来，领导者必然要有一定的独特思想，而这些思想与创造力结合后就可以产生非常强大的能量。因此，创造力是领导者必备的一种能力。然而要拥有创造力就要具备创新性思维。具有创新性思维的人，能够不畏惧传统习惯和世俗偏见，敢于标新立异，想常人不敢想的问题，有超常规的独到见解，善于思考、联想，从而开辟新的思维境界。在工作中，遇到事问为什么，养成爱琢磨的习惯，不放过任何疑点才能开辟新的天地。

宜家是世界著名的家居企业，在全球拥有180多家连锁商店、数万名员工、42个贸易分支机构，与55个国家的1800个供应商建立了合作关系，平均每年有1.5亿顾客光顾，是一家年销售额为122亿美元的大型跨国集团。

世界上做家居连锁企业的人很多，为何偏偏宜家在家居市场独占鳌头？经过专家的仔细分析，其实这与宜家的经营方式有关。宜家拥有大的家居产品销售渠道，它与其他零售商不同，宜家并不仅仅满足于控制全球，它更希望自己的品牌和产品能够覆盖全球。宜家一直坚持亲自设计所有产品，首创了"一体化品牌"模式，实现了制造商与零售商品牌的完美结合。

宜家与沃尔玛不同，沃尔玛本身并不生产产品，只赚取销售利润，而宜家保证了产品利润与销售利润都归自己所有。从某种意义上讲，宜家是世界上唯一一家既进行渠道经营又进行产品经营并且取得成功的机构，它的"一体化品牌"战略在很大程度上是顺利整合产业链的关键。在一次访谈中，记者问宜家的最高领导者英格瓦·坎普拉德：为何宜家有如此特别的生产销售模式？坎普拉德的回答只有两个字："思考。"

善于观察、思考，在任何时候都能找到商机是坎普拉德成功的关键。他独创的"一体化品牌"模式让这个"小气又吝啬"的怪老头成为世界上最富有的人之一。对于任何一个企业来说，一个拥有思想的领导者是必不可少的。

中国有句名言"凡事预则立，不预则废"。其意是说，事业的成功，是基于科学的预见。可以说，科学预见作为一种超前艺术，对于企业领导来说，如同鸟之于林，鱼之于水。一个领导者预见性的强弱直接影响着领导能力的高低。自古以来，无论是帝王将相，还是庶民百姓，预见性思考都很重要。而对于一个领导者来说，预见的能力也是不可或缺的。

　　领导者的预见性思维要有全局性，必须从全局出发，对事关全局的未来事先估计。古人说"不谋全局者，不足以谋一域，不谋万事者，不足以谋一时""有所进有所退""有所为有所不为""将欲取之必先与之"等，说的就是照顾全局的道理。但对于局部领导，我们也要"统筹兼顾，全面安排"。全局是由各个局部构成的，同时又离不开局部，全局的胜利要靠各个局部的共同努力。从时间上看，领导者的预见带有长期性。其预见着眼点时间期限多较长，一般都放在 5 年、10 年甚至更久以后。当然，对于不同的战略问题和目的，其预见着眼点也不同。因为不论哪一级领导者，所涉及预见的对象既有经济方面，又有政治、文化等方面。总之，领导者的预见性思维决定了预见思维的艰难性和复杂性，对领导者也提出了更新、更高、更科学的要求，提高领导者预见能力和科学决策能力是实现企业稳步发展的重要环节。

　　在美国次贷危机的影响下，全球经济进入了寒冬，而中国经济的发展长期以来一直处于一帆风顺的状态，没有经历过危机的洗礼，以致危机突然来临时，许多企业猝不及防，陷入困境，这些企业的领导者一味地抱怨外部环境的不利，市场不景气，政策不支持，却没有从企业自身来找问题。虽然这些企业由于各种各样的原因而倒闭，但打败它们最根本的原因是淡薄的风险意识和韧性不足的企业发展状况。没有危机意识也许是最大的危机。为了确保企业盈利的持续性，保持并增加股东价值，企业领导者需要具备及时应对各种复杂风险的能力，尤其是那些传统方法难以解决的风险，例如保险、依赖性风险等。

所以说，思想对于领导者来说是无比重要的，领导者肩负着促进企业发展、事业进步的历史使命。一个优秀的领导者不仅需要保持领导者的风范，随时注意自己的领导形象，还需要有独特的领导思想。思想理论是领导者领导能力的基础，它能够让企业更适应未来未知的环境，使企业更好地发展，最终实现企业目标。

Leadership

第三节　领导力源于领导思想

作为一名领导者，我们领导下属的方式有很多。我们可以采用强制手段，通过规章制度去领导他人，这叫作形式上的领导；我们还可以通过职位所赋予我们的权力，用命令的手段让下属去执行，这种方式叫作行政式领导；当然，我们也可以用以身作则的方式去引导别人，这叫作行为上的领导。

然而，以上种种方法，其实都属于管理技巧，而并非领导力。真正的领导力，来源于思想。形式上的领导终归是短暂的，行为上的领导只是小范围的，只有思想上的领导，才是最长远和最广泛的，也是最深入人心的。

在公开课上 Jane Woodward 谈到领导者思想时曾这么说："所谓的思想，就是一种客观存在于人们的意识中，通过一系列的思维活动而产生的结果。每一个人的思想都不尽相同，因此人与人之间会出现根本差异。"但凡那些有领导才能的人，他们对于客观事物的反应往往会比一般人更敏感，而且他们善于从平常的事物中发现不同点，能够用生动的语言表达出深刻的道理，从而影响到他人，而他们也因此会成为领导者。

　　思想与理论并不相同，理论具备系统的特性，而思想有可能是名言警句，也有可能是人生感悟，思想具备原创性和感染力。纵览世界上的成功领导者，无一不具备深邃的思想，而且能够给人一种耳目一新的感觉，拥有发人深省的效果。

　　下面，让我们来看看著名的企业家，同时也曾是世界首富的比尔·盖茨的领导思想：

　　"公平不是总存在的，在生活、学习等各个方面总有一些不能如意的地方。但只要适应它，并坚持到底，总能收到意想不到的成效。"

　　"在这个世界上，没有人能使你倒下，如果你自己的信念还站立着的话。"

　　"轻率和疏忽所造成的祸患不相上下。有许多青年人之所以失败，就是败在做事轻率这一点上。"

　　"有非凡志向，才有非凡成就。"

　　"很多人喜欢拖延，他们对手头的事情不是做不好，而是不去做，这是最大的恶习。"

　　"一旦做出决定就不要拖延。任何事情想到就去做！立即行动！"

　　"好的习惯是一笔财富，一旦你拥有它，你就会受益终生。养成'立即行动'的习惯，你的人生将变得更有意义。"

　　"切实执行你的梦想，以便发挥它的价值，不管梦想有多好，除非真正身体力行，否则，永远没有收获。"

　　"成功开始于想法，但是，只有想法，却没有付出行动，也是不可能成功的。"

　　"成功者一遇到问题就马上动手去解决。他们不花费时间去发愁，因为发愁不能解决任何问题，只会不断增加忧虑，浪费时间。"

　　"人们所认识到的是成功者往往经历了更多的失败，只是他们从失败中站起来并继续前行。"

"失败并非坏事，一次失败能教会你许多，甚至比你大学里所学的还有用。"

"破产是一种暂时的困境，贫困是一种思想的状态。"

"花费数百元买一本书，便可以获得别人的智慧经验。然而，如果你全盘模仿，不加思考，那有时就会画虎不成反类犬。"

"年轻人欠缺经验，但请不要忘记；年轻是你最大的本钱。不要怕犯错，也不要畏惧挑战，你应该坚持到底，在出人头地的过程中努力再努力。"

"获得成功有两个重要的前提：一是坚决，二是忍耐。"

"只要有坚强的持久心，一个庸俗平凡的人也会有成功的一天，否则即使是一个才识卓越的人，也只能遭遇失败的命运。"

"当你在事业上遇到挫折，有'打退堂鼓'的念头时，你应该加以注意，这是最危险的时候！"

"坚持下去，成功就在下一个街角处等着你。"

"机会并不会自动地转化为钞票——其中还必须有其他因素。简单地说，你必须能够看到它，然后必须相信你能抓住它。"

"强烈的欲望也是非常重要的。人需要有强大的动力才能在好的职业中获得成功。你必须在心中有非分之想，你必须尽力抓住那个机会。"

"企业发展需要的是机会，而机会对于有眼光的领导人来说，一次也就够了。"

当人们看到这些话时，都会有眼前一亮的感觉。没错，这便是思想的作用——用最通俗易懂的语言，去表达出一个深刻的道理。或许这个道理人人皆知，但是通过这些优秀领导者的口中表达出来，就有了新的意义，可以影响到人们，这便是领导者的魅力所在，也是我们说领导力源于领导思想的原因。

那么，正确的领导思想从何而来？用一位伟人的话来说："思想来源于生产实践。"一名优秀的领导者一定是一位勇于实践、敢于实践的人。他们会不断从实践中进行总结与反思，最后通过提炼自己的经历，升华成独特的思想。可以说，领导思想是一位领导者个人实践经验的总结与升华。就像英国著名管理学家查尔斯·汉迪说的那样："我发现原来自己所学到的东西，有那么多是来自于我在生活中所遇到的事情，而非正规的学习课程。但是要想从中学到东西，仅仅经历过这些事情还不够，还必须对自己的经历加以思考。在我们繁忙的生活中，有太多时候根本没有思考的余地。"

当然，要方法也要技巧，在公开课上，讲师也提供了一些提高自己领导力的小技巧，各位领导者可以借以参考，以此提升自己的领导力与领导思想。

1. 学会欣赏员工的优点。

怎么让员工喜欢你呢？好领导者在平时总是能做到真诚地欣赏员工的优点，对员工正直、诚恳、和善、宽容，对员工关心，主动帮员工解决生活或是工作上的困难，真诚地赞扬员工，认可员工对企业做出的贡献，获得员工的支持。

2. 善于决策。

面对不断变化、竞争激烈的市场环境，企业总会碰到无数的困难需要领导者去解决，而决策就是对解决方案进行分析比较，然后选出一个最佳方案。企业领导者的价值就在于做"正确的事情"，只要不断地去做正确的事情，就能够成为一名出色的领导。

3. 相信自己。

一个人想要事业有成，必须有坚定的信念、高度的自信，否则难成大业。

作为领导者更应该对自己充满信心，只有这样才能为员工树立榜样。

成功的企业家都有着很强的自信心，他们不仅相信自己，也会在员工面前适度地展示这种自信。

4. 信任员工。

作为领导者，如果我们不能信任我们的员工，那么员工也不可能为你努力工作。古往今来，有许多故事向我们证明，给予伙伴信任是成功的基础。刘备忠肝义胆，信任自己的每一位手下，被人们冠以"仁义之君"的称号，因此他身边的人才越来越多，从孤身一人到三分天下，刘备靠的就是信任。而曹操生性多疑，曾错杀自己的叔父吕伯奢，并对手下将领疑虑重重，在赤壁之战中更是被敌方挑拨离间，杀了两名水军悍将，直接导致了赤壁之战的失败。这就是对下属不信任的后果。我们一定要记住："用人不疑，疑人不用。"

5. 明确目标。

在世界级的企业管理大师班尼士看来，一个优秀的领导者应该具备这样的能力：创造一个令员工追求的前景和目标，并将它转化为大家的行为，并达到所追求的前景和目标。领导者们都知道，要想给所有的员工创立一个共同愿景，并且让他们为之努力，首先要让每个员工的目标一致，把共同愿景植入心中，统一他们的价值观，否则，不仅激发不了员工的热情，还会起到反效果。

6. 进发热情。

热情有时候比领导者的才能更加重要，如果一个领导者有能力又有热情，那么他肯定会成功。产生热情的持久办法就是确立一个目标，并且全身心地努力工作来达到这个目标。这个目标必须对你有着足够的吸引力，并且当你达到这个目标的时候，迅速定出下一个目标，这样可以使你产生兴奋的感觉，可以帮助你充满热情地去工作。当周围的员工感受到你的热情时，他们也会不自觉地跟随你的脚步，努力工作，努力去为企业做贡献。

7. 敢于挑战。

顽强拼搏的精神，是几乎每一个优秀领导者都具备的一种素质。所谓顽强，并不是顽固，而是一种遇到挫折不放弃、遇到困难不胆怯的精神。每位员工都希望自己的领导者是一位打不倒、压不垮的"硬汉"，如果你整日遇到困难就逃避，那么你的员工自然也会向你学习，不敢面对困难，只会一味逃避。因此领导者应以身作则，身先士卒，以自己无比坚强的意志感动下属，进而团结协作。

8. 不断学习。

活到老学到老，领导者之所以能够成为领导者，就是因为自身能力比较强，但是时代在进步，社会在发展，如果领导者不能够与时俱进，不断充实自己、提高自己的话，早晚有一天会被时代抛弃，导致创业失败。如果一家公司的领导者能够带动全体员工学习，那么这家公司就是一家充满朝气与活力的公司，终有一天会获得成功。

领导者一定要记住这样一句话：如果你坐下了，你的员工就会蹲下；如果你蹲下了，你的员工就会趴下；如果你趴下了，你的员工就会躺下！

Leadership

第八章 领导讲坛：

在斯坦福大学剖析下的"创新"与"追求"

Leadership

Leadership

在 2012 年福布斯最佳创投人榜单上有一个奇怪的现象，那就是——榜单上的人有 39% 都拥有斯坦福大学的学位。这不禁让人们产生了兴趣，斯坦福究竟有什么魔力，能够培养出如此多的优秀人才？

其实，如果你看过下面的数据，就不会对这一现象感到奇怪了。

依照 1988 年到 1996 年的数据统计，斯坦福创业企业的收入占据了硅谷总收入的 60%。斯坦福创业企业的收入能够达到整个地区过半的营收比例，可以充分地说明斯坦福大学在硅谷发展中所起到的重要作用，而且这还仅仅限于"斯坦福创业企业"。为了不让外界夸大斯坦福的能力，1984 年任斯坦福大学工程学院院长的詹姆斯·吉本斯给"斯坦福创业企业"下了严格的界定："斯坦福创业企业是指首批产品的技术和多数创始人都来自斯坦福大学的企业。"如果算上界定之外的那些斯坦福人参与创建的企业，恐怕如今的硅谷就早已是斯坦福的天下了。

那么，斯坦福人到底是凭借什么占据硅谷的半壁江山呢？其实，使斯坦福人获得成功的秘诀只有一个，那就是不断创新。

创新分为很多种，从最简单的产品创新到整个企业的结构创新，可以说每一次创新都是领导者带领企业产生蜕变的过程。在斯坦福大学公开课——"硅谷的企业精神与创新"这一课中，同样也重点提到了创新对企业的影响与改变，课中的导师兰迪·可米萨讲道，他曾兼任很多家公司的管理者，同时创造性地推出了一个"虚拟执行官"的职位，让他能够同时管理多家企业，而这种模式也在2000年被他推入市场，获得了极大的成功，提高了管理的效率。其实这就是一种领导模式的创新。而这次创新也使他名声大噪，成为知名的领导人。同样，很多领导者也是因为创新而获得了成功机会。

下面，让我们来看一个案例，通过真实的故事来领略创新的力量。

说到皮克斯动画工作室这个大名，你们会想到什么？不论年纪大小，想到的一定是《玩具总动员》《虫虫危机》《怪兽电力公司》《海底总动员》《超人特攻队》《汽车总动员》等动画大片。这些影片打造出奇幻的世界，为玩具、虫虫、怪兽、鱼、超级英雄甚至汽车都赋予鲜活的生命，甚至连老鼠也能成为美食大厨。世界各地的孩子们总是殷切期盼皮克斯动画工作室推出的每一部影片，即使儿子已经大到不跟老妈去电影院，这样的热情还是不减——这些影片的剧情曲折，公司杰出的动画人才让屏幕上的角色鲜活生动同样也引人入胜。在皮克斯动画里，科技激发出艺术的火花，而艺术则挑战科技的极限。这是双向的发展，而引导它获得成功的，正是创新。

皮克斯公司总部坐落于加州艾莫维尔，走进大厅映入眼帘的是一个巨大的中庭，四周都是会议、打电动游戏的空间，还有自助餐厅区，让员工可以玩乐、会面、用餐和创作。公司为了鼓励员工走出自己的办公室，特地提供踏板车和滑板让他们可以在办公大楼四处活动。从这栋大楼的开放空间我们可以感受到这个环境的开放。

一走进动画部门的大门，仿佛置身于皮克斯的动画电影之中——工作环境就像是一座忙碌的小镇，以每一部新电影为主题装饰。每一位动画人员都可以自行打造独特的工作空间。公司为了激发个人主义、创造力和乐趣打造这样的实体环境，个中心思明显可见。

皮克斯之所以能够发挥如此惊人的创造力，背后主要的推手是深知创新流程及其重要性的领导者——艾德·凯特穆尔以及约翰·拉斯特，二人在 1986 年以 1000 万美元成立这家公司，后来在 2006 年以 70 多亿美元的价格卖给迪士尼。凯特穆尔现在担任迪士尼和皮克斯动画工作室的总裁，拉斯特则是创意总监，二人向来有"下一个华德·迪士尼"的称号。

其实，皮克斯动画创立的过程就是一个发挥创新精神的实例。乔治·路卡斯于 1979 年成立一个小组，负责探索数字印刷和影音编辑的新技术，也就是当今皮克斯的前身。他聘请当时顶尖的计算机绘图研究人才，并且对电影制作深具热情的凯特穆尔。几年之后，他们同意将这个小组独立出来成立公司，接下来和创投业者以及企业合作伙伴的商谈虽然没有结果，但苹果计算机（Apple）创办人史蒂夫·乔布斯被这个团队吸引，最后终于决定对他们进行投资。他们致力于制作长度完整的计算机动画电影，可是鉴于当时不论是技术还是市场都还不成熟，他们只好把先进的影像系统卖给医疗影像公司、政府机构以及其他的电影工作室（其中也包括迪士尼在内）。拉斯特坚持他们的长期愿景，带领小组人马开发动画短片，在这过程当中也培养出许多顶尖的技术人才，并打造出皮克斯日后的主要业务。

从 1986 年到 1991 年，皮克斯动画公司的商业策略历经多次变化。"我们掌握可行的商业模式，把硬件事业卖掉，并开始以软件出售为主的业务。那时候我们也开始打电视广告。"凯特穆尔这样回忆说，"我们在这一路上多有挣扎，赔钱的时候，史蒂夫也跟着我们受困。后来迪士尼给了我们制作剧情长片的机会。"

可以说，如果没有这支团队的热情与坚持，这世上就不会有《玩具总动员》和《汽车总动员》这些影片。公司当初如果得到典型创投业者的支持，而不是乔布斯之类深具远见的创业家，那就不可能安然度过这些转型期。乔布斯虽然算不上是有耐心的人物，却为公司耐心十足地提供资本。他知道这个团队里头有的是聪明才智之士，也认同他们试图打造不同商业模式的观念，所以相信他们的努力并非致命的失败，而是迈向成功的发展。迪士尼在 1991 年和皮克斯接洽合作一系列 3D 计算机动画的剧情长片时，这家公司和技术都已经做好万全准备。

这家公司推出的每一部影片都为观众带来前所未有的全新体验，在竞争对手之中独占鳌头，他们是怎么办到的？其中一部分原因是，技术团队总是分为三方同步进行。皮克斯负责下一部新片的开发人员，会和导演、剧作家以及动画人员并肩合作，应用最新技术，并致力延伸。其他的开发人员则致力于开发下一代的动画工具，让剧情长片里头的角色和环境更加鲜活——影片里头的水流看起来就像真的一样，汽车亮得可以映光，皮毛看起来质地柔软……皮克斯也有一支应用研究小组，专注于长期的发展上。这支小组和研究团队合作开发算法，推动绘图技术以及动画艺术更上一层楼。

皮克斯公司的内部文化也鼓励创新，对失败会进行检讨，并对此保持开放和健康的态度。大家会不断地自我检讨——不是只有在问题出现时才会如此，就算在情况顺利时也会进行自我评估。公司鼓励大家评论彼此的工作。"我们的制片人员不会把这些批评看作对个人的攻击。在这里，如果不说出真心话，可是大错特错。"凯特穆尔表示。工作环境要达到大家坦诚相对的境界，必须让大家信任管理阶层，而且觉得安全无虞才行。

公司鼓励员工提出点子，及早获得意见反馈。"大家不但要愿意冒险，别人也得配合，愿意让他们冒险才行。"凯特穆尔说，"我们的首要任务是及早发现错误。"然后他们会进行检讨，找出失败的原因以及着手解决当初的疏忽。他们知道失败是成功之母，所以不会以负面的观点看待；他们需要经过这些错误，才能获得开发重要软件工具或是杰出影片所需的意见反馈。

皮克斯聘用最顶尖的人才进行研究、开发以及科技的运用，从而创造令人惊艳的娱乐产品。该公司对于愿景的追求是上下一心，而且坚守核心价值和创新流程。在这家公司中，创新是一种自然而然的流程，是通过一群充满好奇心的人共同创造，而非刻意营造出的"创新"，而这也和斯坦福大学公开课中的观点不谋而合。

警醒之言：

领袖和跟风者的区别就在于创新。

创新无极限！只要敢想，没有什么不可能，立即跳出思维的框框吧！如果你正处于一个上升的朝阳行业，那么尝试去寻找更有效的解决方案——更招消费者喜爱、更简洁的商业模式。如果你处于一个日渐萎缩的行业，那么赶紧在自己变得跟不上时代之前抽身而出，去换个工作或者转换行业。不要拖延，立刻开始创新！

——乔布斯

Leadership

第二节　企业不是没有出路，是没有创新

在几年之前，著名畅销书《世界是平的》的作者弗里德曼来到了中国，在一次午餐会上，他问了在座的各位中国企业领导者这样一个问题："中国企业的创新因素究竟有多大？是否超过了 5%？"

这一问题让在场"精英"们哑口无言。而"弗里德曼式的拷问"也成为西方对中国的一种普遍印象：中国企业的成功，主要是建立在引进与复制和廉价劳动力上的，复制能力很强，但是创造能力太弱。

的确，中国的企业对于创新的理解过于狭隘。虽然在国内有很多大型企业在不断尝试着去创新、去突破，利用了重组、引进人才等手段，但是到目前为止，尚且没有一家企业真正完成了一次世界性的创新。而且随着世界的发展，中国企业面对的竞争压力也越来越大，人力成本增高，竞争对手变强，很多企业，尤其是中小企业都面临着缺乏出路的问题。他们的产品没有新意，他们的服务低人一等，他们的市场被众多对手瓜分，生存环境越来越艰难，很多企业领袖都不知道该如何继续走下去。

其实，并非企业没有出路，而是没有创新。斯坦福大学关于创新的公开课上，兰迪·可米萨这样说道。

在课上，兰迪·可米萨问了很多学生一个问题："创新究竟是什么？"不同的学生也给予了不同的回答，但是基本上不会脱离以下几个答案：在科技上创新、在产品上创新、优化流程、降低成本等。

然而，这恰恰只是创新的初级阶段。在兰迪·可米萨看来，过去几十年中，人们都过于受到迈克尔·波特价值链理论的影响。那是一种静态与平面的创新，而且一切创新都是围绕着"产品"来进行。一旦价值的缔造不再完全依赖于产品，那么这一创新理论自然会出现问题。最关键的是，很多企业领袖认为，创新是突然的"灵光一闪"，所以一味地苦思冥想，最终却得不到任何结果。

其实，持之以恒的创新活动并非在真空状态下进行。这不是科学家一时的灵光乍现，也不是公司某个小组到外头进行脑力激荡、玩玩打造团队的游戏就能创造出来的成果。人们往往高估创新流程之中"阿哈！我想到了"这个灵光乍现的要素。其实创新流程始于营造适当的环境以及日积月累的过程。就像我们上文中说的，创新并非一种追求，而是一种自然规律。当你的积累与思考到达一定程度，创新自然而然就会出现。而在斯坦福大学公开课中，兰迪·可米萨也提到了创新的最基础的一点，就是"质疑"。

唯有质疑现状，才能突破固有模式的局面。美国特斯拉电动汽车制造商在2006年推出超炫的红色电动跑车时，曾在市场上掀起了一阵骚动。这种车子还没生产出来，就引起人们争相订购。特斯拉并非第一款问世的电动车，但在市场上引起如此截然不同的反应，主要是因为公司合伙创办人马丁·艾伯哈特愿意采取新方法。以往问世的电动车为了尽量在市场上普及，总是优先考虑大众的消费能力，结果开发出来的车子体形过小，根本没有人愿意购买。马丁·艾伯哈特对这一情况进行了"质疑"，难道真的只有低价电动车才能抢占市场？马丁·艾伯哈特决定推出该高价车款，酷炫外形使这种产品立刻变得炙手可热，公司接着再想办法推出相对廉价的车款。不论公司未来成功与否，艾伯哈特勇于逆势而行的精神，已为电动车产业带来正面、突破性的改变。

无独有偶，创业家蓝迪·史考特成立了一家叫作英塞特的新兴公司，从事新药开发所需的基因数据与分类业务。而这些基因数据日后却成为英塞特公司最宝贵的资产。"我们将基因数据的信息卖给大型制药商，成为生物科技产业第一家以信息模型业务为主的公司。"史考特表示，他本来担心这个新兴的生物科技市场可能会涌入几十家其他竞争对手，让英塞特面临疯狂的竞争压力。可是由于这种商业模式独一无二的特性，英塞特几乎没有竞争对手。"大家总以为，在生物科技产业里只有开发新药才能赚钱，出售信息的点子实在与众不同。"史考特回忆说。因为创办人愿意采取新的经商模式，公司年营业额不断攀升，后来甚至超过两亿美元大关。

史考特接下来的事业则是出于个人对人生的质疑——他的一位好友经诊断得了乳癌，他不禁思考为什么有效的医疗方式这么有限。这位朋友的治疗计划当中也包括化疗，这种方式治愈率并不高，而且肯定会让她痛苦万分。"我不禁思考为什么不能善加利用基因组合的全部信息，以改善肿瘤的分类方式。"史考特说。他凭着全球日益壮大的基因数据库，成立了一家叫作"Genomic Health"的公司，针对个别病人的基因组合，从他罹患的具体疾病中找出治疗方式，提供比较个人化的药品。后来，史考特还是没能拯救这位朋友，但他根据基因组合开发的药品让其他数以百万的人受惠。

这便是质疑导致的创新，作为一名领导者，我们想要增强企业的创新能力，就要学会"质疑"，因为随着年岁渐长，我们往往忘了质疑现状或自身，将一切视为理所当然。由于可能输掉的筹码增加，我们冒险的意愿也跟着降低。企业、产业以及科学领域也是如此，发展日渐成熟之后，创新活动可能变得比较按部就班。其实人到中年正是寻求正面改变的大好时机，成熟的企业、产业以及科学家也应该学会质疑，并大胆、广泛地追求创新。在这阶段的改变或许比较困难，但好奇心和评估工作不应该随着年纪或成长而停顿。

总而言之，当企业遇到了困境，我们首先要学会质疑——我们为什么会无路可走？我们能否再开发出一条新路？……质疑，很有可能就是一次创新的开始，这是斯坦福公开课上的结束语。

警醒之言：

生存的第一定律是：没有什么比昨天的成功更加危险。

——未来学家托夫勒

Leadership

第三节　保持好奇心，保持创新

　　成功者最大的秘诀就在于保持一颗永远好奇的心。但是自从我们懂事开始，就会接受这样一种早期社会教育——父母和老师往往教导我们行事要稳重、谨慎，要控制自己的好奇心。他们提倡办事按照规矩来，走之前别人走过的路，反对冒险行事。或许你现在还记得那些幼年时期家长和老师对我们说过的话：

　　"做事千万要三思而行。"

　　"不要动陌生的东西。"

　　"别去做任何没有把握的事情。"

　　"不要到陌生的地方玩。"

　　"不要冒险。"

　　"千万不要涉足未知。"

　　而就是这种早期教育，从小就给我们的心灵设定了一道障碍，这道障碍无时无刻不在阻挠着我们的好奇心、我们的创新能力，使我们在许多时候无法达到自己的目标，错失了很多机遇。

现在我们回想一下那些伟大的人物，他们都是一些勇于探索未知、敢第一个吃螃蟹的人。他们时常对未知做出挑战，这正是由他们的好奇心所驱使的。

伟大的发明家爱因斯坦就是一个毕生都在探索未知领域的人。他有一篇名叫《我的信仰》的文章中有这么一段话："我们所能经历的最美好的事物便是神秘的未知。它是所有艺术和科学的真正源泉。"

其实，神秘的未知不仅是艺术和科学的源泉，也是我们人类发展与激情的源泉。

爱迪生从小学习成绩并不好。他家里十分贫穷。他从小就要到火车上卖报纸，结果有一天在卖报纸的时候得罪了一位乘务员。

原来，乘务员看到脏兮兮的小爱迪生，生怕他弄脏了列车，于是乘务员就想赶爱迪生下车。但是爱迪生还没有赚够今天的饭钱，于是央求这位乘务员："先生，你让我再卖一小会儿吧，只要卖一小会儿我就可以赚够今天的饭钱，我就不用挨饿了。"

这位狠心的乘务员并没有允许爱迪生继续贩卖报纸，反而狠狠地打了爱迪生一巴掌，导致爱迪生左耳失聪。

而就是这样一个在艰苦环境中生存的孩子，却成了伟大的科学家。而他的成功之处在哪里呢？就在于他无处不在的好奇。

爱迪生好奇到什么程度呢？

他的老师每次带着教具来给大家上课，爱迪生一定要打开来玩，来看看，来探索，想弄明白这个东西的原理是什么，有时候甚至会拆开来看。但是问题是，他每次拆完之后，就装不回去了。这让他的老师非常头痛，于是就交代他的妈妈说："你儿子这种对什么都好奇的毛病一定要改。"而爱迪生的妈妈却这样回答："老师，我觉得你的看法不对，因为我观察我儿子这么久，他与别人最大的不同就是对什么事情都很好奇，如果你让他把好奇心改掉，那我的孩子就会跟其他普通孩子一样了。"

事后，爱迪生的妈妈还告诉爱迪生："儿子，你这个对什么都好奇的习惯一定要保持下去，因为只有好奇心才能给你带来更多的知识和更好的机遇。"

爱迪生妈妈对爱迪生好奇心的鼓励也奠定了爱迪生一生成功的基础。

同样，一个人要想做好自己的事情，也要保持好奇心，只有充分发挥好奇心的力量，才能迎来更多机遇，把握住机会，获得成功。

一个具备创新能力的人会不自觉地想要探究事物运作的原理或方式，或是思考能不能以新的方式进行。只要给他们探索的空间，这样的好奇心只会有增无减。"我的人不管有没有薪水可拿，在家照样都会研究技术，"联邦快递实验室（FedEx Labs）信息科技总监麦利·安斯沃表示，"渴望追求新的事物是他们的天性。科技刚好是他们的工作，但同时也是兴趣。"在这种无穷无尽好奇心的启发之下，创新人员在其他人忽略的地方，反而能找到具有发展潜力的契机。

在 ARPANET（因特网的前身）的发展初期，开发重点在为分散各地的计算机建立可以互通的网络。

当时任职于全录的包柏·麦特卡夫对人们戏称的"乱伦流量"——也就是同一栋大楼之内，各台计算机之间的信息交流——感到好奇。在好奇心的驱使之下，以太网络的开发工作随之成形，而这也正是地方局域网络的基石，让人们可以和同事、朋友、家人分享信息。

斯坦福大学教授戴维·克勒在公开课上这样形容好奇心："好比老觉得地上有东西，用脚踢了半天，心中不禁怀疑'到底是什么'，往下一看才发现原来地下埋了一块大岩石，你踢到的只是地面上的一小块而已。"

有时候人们也会对人们认为"不存在"的事物感到好奇而受到启发。"有一次，当我三岁的儿子学着看交通标志时，他问我：'爸爸，为什么没有任何表示可以通行的交通标志？'小孩可以注意到这些事情，到底还有什么是我们视而不见的？"克勒表示。

当然，创新并非仅仅是保持好奇心那么简单，还要注意一定的方式方法，在公开课上，克勒提出了利于创新的六方面，分别是：

（一）创新团队与关系网络

创新的基础在于优秀的创新团队及良好的关系网。创新团队的成员要具有多元的特质。创新团队要有自主性，享有自由探索性观念的自由空间，免于受组织规范之约束。

创新团队要有评估各项创造性思想的能力，并积极试验，成功地推出新产品或新服务。各种新尝试无论成功或失败都应受到肯定。失败常令人获益，应予以支持。要有一套衡量绩效的指标，借以评定创新试验的成效。领导人须鼓励、指导及协助创新，以确保良好的新思想能成功地被采用。创新团队须跟大学、研究机构、各种学术研讨会等相连接。创新团队也须建立良好的关系网络，跟客户、员工、供货商等密切结合，以探索新观点。

（二）领导

领导人须具有眼光、勇气与智慧，不要陶醉于昔日之荣光，也不可安于现状，要时时力求创新。对大型的成功企业而言，创新本身通常兼具创造与破坏的特质。创新会攻击、破坏及贬损原有的营运模式与公司资产，令人深感威胁，且会引发排斥或抗拒心理，因而较难获得创新成果。相反地，许多小型的新企业，因没有旧包袱，且将创新视为机会，能开创新的竞争优势及产业地位，因而乐于创新，并获得明显的成就。

领导人必须承担起创新的责任，要将创新视为机会而非威胁；要勇于尝试新作为，而非拘泥于老套、古板的做法；要敢冒险，对不成熟的新想法愿意去做投资，并加强研发工作；要打破旧框框，不自我设限，要多跟外界连接、学习及互动。

（三）新的运作方式

现今是一个讲求速度、各种商业活动十分频繁的时代。各种观念、商品及事物被快速地汰旧换新。公司必须重视及鼓励所有的员工，随时提供新意见，不断打破旧老的运作方式，对良好的创见，要有全力以赴的热情，要勇于接受挑战，不断探索新的运作方式，以期获得明显的进步。

（四）风险管理

现今一个创新计划的管理通常都是相当地复杂。计划的执行往往包含许多的长短期契约，需面对很多变数，不仅风险高，流程不易掌握，时程与预算也难以确切掌控，而且失败率又高。因此，要切实做好风险管理，才能使创新计划按原定预算如期完成，并获得良好绩效。

（五）智慧财产

创新有很多类型，包括技术、制程或形式的创新。因此，公司须了解及善用各种相关法律来保障知识产权，以确保创新可能带来的利益。

（六）为创新寻找财源

一项创新必须有财源支持，才能顺利进行产品的研发、制造及行销。在所提出的事业计划中，必须将创新计划的目标、产品上市及经营团队等写清楚，且要有说服力。公司的人力及企业文化也要考虑在内。整个计划的财务规划，短期及中长期资产与负债等都要有专业的解说与应急处理办法，以便取信于人，吸引投资者。

警醒之言：

企业的成败在于能否创新，尤其是当前新旧体制转换阶段，企业处于特殊时期，更需要有这种精神。

——黄汉清

Leadership

第四节　保持好奇心，不断创新，不怕挫折

　　当然，作为一名领导者，我们除了要有好奇心，还要有敢于面对挫折与失败的能力。要知道，坦然接受失败并不容易，而且金钱与名誉往往会因此受到损失。当人们深信某个愿景时，要他们放弃谈何容易。不过如果你希望旗下人才发挥创意、冒险，追求具有发展潜力的目标，就得耐心包容失败。联邦快递信息长罗伯·卡特认为，公司以健康的态度看待失败，可说是他们成功的部分原因。"失败很痛苦，我们也曾经哆嗦挣扎，"他坦承说，"可是我们鼓励大胆冒险。"

　　当年联邦快递为了配合国际扩张策略，在 1989 年收购一家名为飞虎的运输公司。"在 20 世纪 80 年代末期以及 90 年代初期，我们非常积极拓展欧洲市场，可是冲得太猛，"联邦快递总裁佛瑞德·史密斯坦承，"我们必须重整这些业务，但对每一个人都公平以待。你得知道有些事情当时可能行不通，这时候就得重整旗鼓，但又不能杀了这些勇于冒险的人。"联邦快递非但没有撤出欧洲，反而更加聚焦于欧洲业务，建立快递车队网络，后来欧洲一举成为联邦快递最具获利能力的国际市场。联邦快递买下飞虎公司的同时，也买下他们在亚洲的降落权，这点对于公司的全球业务

十分重要。

在公开课中，谈到联邦快递的案例时，戴维·克勒表示："属下只要做好本职工作，了解自己的点子或项目为什么没有成功，就应该不必担心'事业污点'的标签上身。除非是因为执行不利或不够努力导致失败，否则不应将责任怪罪到个人身上。责任分明的同时，也要避免交相指责的情况。"

失败为成功之母，这一点是硅谷文化中不可或缺的一部分。硅谷知名创投公司 Kleiner Perkins 的合伙人之一凯文·康普敦有一次接见到硅谷参观的各国产业领袖，他们想要了解这个地区推崇创业文化的秘诀。康普敦说了个小故事，试着描述硅谷人的心态："假设说，你 32 岁，有小孩，而你就要去老婆娘家和姻亲共进晚餐。这次聚餐之盛大就好比美国的感恩节大餐一样，"康普敦说，"你在老东家服务了 10 年之久，这家公司的规模好比美国的 IBM。一切顺利的当头，你却突然决定跳槽到一家新兴公司。这家新公司募得大笔资金之后风风光光地开张，可是资金却在 18 个月后全部烧光。这时我问来访宾客：'要是你，你会去聚餐吗？'他们大多都会说'不'。这时候，我会跟他们说，在硅谷，你不但会去聚餐，而且小舅子还会过来跟你击掌欢呼说：'但愿我也有这样的胆量。'你勇于冒险的精神，反而令他赞叹。我们的 DNA 里头就流着这样的精神。"

这样勇于尝试并允许别人在事业发展上有第二次、第三次或第四次转折的精神，不仅是硅谷的独到之处，也是美国与其他国家文化的一大差异。诺基亚研究人员亨利·提瑞表示："我在芬兰如果对着整班一百个大学生提出一个问题，只会有一个人举手回答，不过我敢说他的回答一定是正确的。如果我在美国也这样做，会有九十九个人举手，但在这当中可能九十个人都是错的，不过至少他们愿意尝试。"

只要领导有方，即使像是美国食品与药品管理局（FDA）这样保守

157

的政府机关，在参考充裕的信息之后，也会勇于冒险并做出改变。戴维·凯斯勒在 1990 年接管局长的职位，当时新药实验的申请流程平均要 33 个月之久——当病患生命危在旦夕时，这样的拖延实在过久，于是凯斯勒推出一项名为"加速通关"的政策。后来在 1996 年，当蛋白酶抑制剂的申请案提出时，"这一系列药品有助于提升艾滋病患者的存活率，改善他们的生活质量"，在 47 天之内便获得通过。"我们推出一项新的政策，而业界也随之配合，所以运作得十分顺畅。我们对美国民众公开说明个中风险，后来事实证明我们是对的。"他说。当凯斯勒离开 FDA 时，已有 13 种新的抗病毒药品获得通过，令这种原本让人束手无策的疾病出现了转机。

许多创新人才特别容易被失败概率高的项目计划吸引。"我喜欢从事连自己都不知道能不能成功的事情，"网络先驱保罗·拜伦这样说，"风险的元素会让人觉得更加刺激。"已经 80 岁的拜伦还在开新公司，乐于在崭新的处女地冲锋陷阵，这番精神正是美国科学文化的写照。

你越是成功，担心会失去的事物就越多，开创出突破创新的概率也就越低。但是"对创新裹足不前"所造成的负面影响，往往比"创新的失败"还要严重。苹果计算机创办人乔布斯与联邦快递创办人史密斯在所属产业分别绽放出成功的光彩，尽管背景与领导风格都大不相同，但对于风险的态度却是一致的——深思熟虑之后，他们都渴望大胆冒险。他们两人都曾经犯下众所周知的重大错误，并因此付出沉重的代价——苹果计算机的莉萨计算机、联邦快递的 ZapMail 服务——但他们并未因此而裹足不前，依然热情洋溢地追求新的点子。不断追求，不断创新，这便是他们成功的秘诀。

失败是创新过程之中不可或缺的一部分。"项目计划展开时，你们对于竞争情况或顾客需求的了解还不够深入，也还没有拟定出最理想的点子或最棒的技术，一开始本来就是如此，不管你做什么，大多都会失败。"
斯坦福创新公开课上的主持人寇提斯·卡森最后总结道。

警醒之言：

人类的创新之举是极其困难的，因此便把已有的形式视为神圣
的遗产。

——蒙森

Leadership

脱离经济观念的领导
力软弱，超越经济
观念的领导力无用

Leadership

Leadership

第一节　领导力必修课：诺贝尔经济学大奖得主肯尼斯·约瑟夫·阿罗的经济论

肯尼斯·约瑟夫·阿罗是斯坦福大学研究领导力几十年中的明星人物，他提出的经济论也成为斯坦福大学多年来取得的最大硕果，并成为斯坦福大学迄今为止的必修课之一。今日，斯坦福大学将肯尼斯·约瑟夫·阿罗经济论与领导力巧妙地结合，为更多的领导者展示了领导力的力量，并指明了具备领导力在未来将获取的成果。

肯尼斯·约瑟夫·阿罗于 1921 年出生在美国纽约，自幼聪慧的他在 1940 年便取得了纽约城市学院的社会科学学士学位，第二年他顺利地获得了哥伦比亚大学数学硕士学位，1951 年获得哥伦比亚大学经济学博士学位。

在攻读博士学位期间，阿罗于 1946—1949 年在考利斯委员会做研究工作，并在 1948—1950 年间先后在芝加哥大学和斯坦福大学担任助教，丰富的助教实践为他以后的学术生涯奠定了一定基础。考利斯委员会的研究工作为阿罗创造了充满才气的学术氛围，带给了阿罗学术上无法低估的影响。这一阶段的学习研究促成了他的博士论文——《社会选择与个人价值》的诞生，这也是他获得诺贝尔奖的重要原因。

肯尼斯·约瑟夫·阿罗因为一般均衡理论及福利理论上的先驱性贡献

而与希克斯共同获得了 1972 年度诺贝尔经济学奖。他证明了一般均衡的存在，并创建了不可能定理。

所谓均衡，就是指在一个局部或者全局的经济范围内，所有商品在此时的供给等于需求，既没有供大于求的商品，也没有供小于求的商品。也就是说买卖各方的力量处于"势均力敌"的状态，因而达到了一种均衡点，因为没有供大于求的商品，所以就没有资源被浪费的情形出现；也因为没有供不应求的商品，所以均衡时的价格能使得各方的需求得到满足，消费者的效用也可以达到最大化。均衡存在的证明不是一个数学游戏，而是具有特定的意义。只有均衡点能够从理论上被证明确实存在，经济学里的各种对均衡的分析才有实际意义。更重要的是，只有均衡点才能说明自由市场机制这只"看不见的手"可以自动调节市场上买卖各方的力量，令各方资源得到最有效的分配，以此证明自由市场机制是有效的，因而也就可以奠定市场经济的可行性及必然性的理论基础。所以，这对于世界上实施自由经济及市场经济的国家都是有着重要意义的。

从经济学发展历史进程来看，法国医生兼经济学家魁奈、法国经济学家瓦尔拉斯及意大利经济学家帕累托等都意识到一个经济整体上的均衡存在的可能性。但是由于时代的局限性，他们没能去证明均衡的存在，只是意识到均衡存在的可能性。阿罗在一系列的假设基础上，用一套复杂的数学公式证明了均衡的确是存在的。所以说，阿罗的贡献是值得称道的。他在数学理论的基础上建构的一般均衡理论，不但具有一般性，而且具有简易性。现在，一般均衡论的分析方法在西方经济学中被广泛应用，阿罗另一个重要的经济理论就是他创建的不可能定理。这一定理表示，如果说个人的选择是理性的，那么建立在少数服从多数原则基础上的社会选择则不是理性的，除非全社会每个人的选择偏好都一样，但是这种可能性是极小的。

举个例子来说，假设全社会由甲、乙、丙三个人组成，他们要在 A、B、C 三个商品之间做出选择。假设甲在 A、B 之间偏好 A，B、C 之间偏好 B，那么他的选择倾向就是 A。假设乙在 B、C 之间偏好 B，在 C、A 之间偏好 C，那么乙的偏好选择就是 B。假设丙在 C、A 之间偏好 C，在 A、B 之间偏好 A，那么丙的偏好选择就是 C。如果把三个人组成一个社会，针对整个社会而言，如要做出一个选择，那么到底这三个商品应该选择哪个呢？按照少数服从多数的原则，他们应该在 A、B 之间选择 A，在 B、C 之间选择 B。根据服从的统一性和可递性，他们在 A、C 之间应该选择 A，也就是说整个社会在 A、C 之间应该选择 A。但是根据对三个人的具体分析，我们可以发现在 A、C 之间选择 C 的有两个人。所以，如果使用少数服从多数的原则在整个社会进行投票以确定选择哪一个的话，其结果与理性选择里的统一性和可递性是相反的，那么整个社会的选择就变成了非理性。既要保持选择是理性的，又要保持统一性和可递性，就必将违反少数服从多数的民主原则。因此，这一定理被称为"不可能定理"。

这个定理看起来充满了消极性，表面上看它表达了少数服从多数的民主原则是不理智的，它无法根据各人的消费倾向和偏好来做出一项令全社会的福利最大化的决策。但是在某些特定条件和情况下，这一定理则会充满实用性。这一点也启发着领导者们，他们需要在企业运转的实际操作中，综合多角度考量问题，才能以最优化的方案运用不可能定理。1998 年的诺贝尔经济学奖获得者马蒂亚·库玛·森在阿罗的基础上继续进行了研究，他认为在有些条件具备时，"不可能"的问题是可以解决的。

除此之外，阿罗还在增长理论及决策理论等方面做出了贡献。他的研究还涉及了道德风险和逆向选择等问题。这些研究对他的学生斯彭斯，即 2001 年诺贝尔奖获得者，在研究不对称信息上具有深远的影响。

在 2009 年举办的第七届严复经济学纪念讲座上，阿罗还提出了测量财富的新模型。他引入跨时代财富和综合财富两个概念，他认为跨时代财富要考虑到未来可供消费的资源数量。随着时间的延伸，保持持续性的正增长，综合财富是各类财富的总和。在价格方面，阿罗则认为单纯的市场价格无法反映财富的实际变动，因此改为选用要素和资源的"影子价格"，并在其模型中只作为财富的实际变化的变量。在衡量财富储量时，阿罗提出了以下建议，即代替过去经济测量中常用的 GDP 或者 GNP 指标，而使用收入总量作为指标。

此外，阿罗认为分析模型在实际应用中的问题时，领导者应该充分理解国家边界变动、市场失灵、净投资测量、跨国外部性、技术增长、健康资本测量以及人口增长等因素的实际意义。在其中的健康资本测量中，阿罗提出健康资本等价于在生活水平保持不变的情况下，人们期望寿命所剩年数的折现值。在人口增长这一环节中，阿罗认为，只有综合财富的增长率超过人口增长率，一个国家才可能走上可持续的发展道路。

Leadership

第二节　领导企业等于领导经济

　　从宏观经济上来说，企业是市场经济的重要组成部分，是促进社会稳定的基础性力量。当前，企业的发展对于保持国民经济适度增长、缓解就业压力、优化经济结构等方面，都发挥着越来越重要的作用。在企业中，领导者一方面是顺应经济环境的发展，另一方面，企业的领导也反作用于社会经济的走向，一定程度上影响着经济的发展趋势。作为领导者，他的基本任务是决策，其领导决策的实施直接关系着企业的经济利益，领导企业可以说就是领导着经济的发展。因而，领导者必须保证决策的正确性、科学性，必须善于审时度势。

　　斯坦福大学这次公开课中提出这样一个理论：平庸的领导者的最终追求是如何领导企业，而成功领导者可以在领导企业的同时引领市场经济发展。

　　20 世纪 80 年代，美国经济处于罕见的低落时期，一位经济学家曾经说，如果有 50 个真正的企业家，就可以振兴美国的经济。这句话充分地说明了企业领导者对于企业，乃至对于整个社会经济发展的重要性，尤其是在市场竞争中对于经济的重要性。企业领导者作为企业战略的制定者、执行者和企业文化的塑造者，其行为能力决定了企业的未来，决定了经济的未来。这就要求领导者关注时事，洞察国内外的经济发展动态，优化自己的决策。领导者需要对整个投资环境中的政治、经济、文化条件了解清晰，并要把握市场现状、未来趋势等环节。决策紧跟形势走，才能未雨绸缪，与时俱进。

正确的决策是领导者对于社会、企业经济状况的准确掌握，经济的领导直接反映在企业的领导当中。1992 年，国内著名的女商人吕有珍做出了一个惊人的决定，她决定斥资千万元购买广州花县的 1200 亩土地。这个决定一公布便引起了公司内部许多人的反对。

人们不理解吕有珍为什么要花费这么多钱购买位于广州城北几乎无人问津的花县土地。况且当时国家收紧银根，企业一旦做出这样的行为，就存在着被套牢的风险。但是吕有珍坚信自己的决策是正确的。虽然当时的花县地偏人稀，但是她相信，随着经济的发展，花县一定会摆脱房地产市场中的冷门地位，而变得炙手可热。因为，她看到随着改革开放的不断深入，广州市的发展空间逐步处于饱和状态，扩展广州市的面积仅仅是时间问题，而扩展的目标必定是在当时被人们视为冷门的广州市北面的花县。果然不出吕有珍所料，1994 年，在国务院的批准下，花县逐步施行撤县建市，改名为花都市。国家当时还决定将中国最大的广州国际机场建设在花都市，建立京广铁路客运大站，建设花都港，并计划在花都修建南方最大的贸易商城……于是花都市的地皮价格飙升。吕有珍这次的投资赚得了满钵金，令许多人连连称赞。

吕有珍的成功离不开她对于形势的准确预测。她对花县的投资将企业引领上了一个新的发展方向，开创了新的局面，而花都市的发展也因此迎来了新的发展机遇。由此可以看出，领导企业在一定程度上就是领导者对经济的领导。

正如威睿公司 CEO——Dinae Greene 在斯坦福大学公开课中所说的那样，领导企业不仅仅是要对无数员工负责，更重要的是促进企业和时局经济的发展。Dinae Greene 审时度势地开发了公司新的发展方向，从而引领了一股经济浪潮的掀起。领导者只有认清社会发展趋势，才能不断地化解危机，创造机会，为企业迎来一次又一次重大机遇。

作为领导者，不应该被周围环境中的限制束缚了思维，否则狭隘的思维必将使你与快速发展的经济环境越离越远。领导者需要以战略性的眼光去看待问题，要认清未来经济发展潮流的趋势，只有这样才能因势利导，先声夺人。时代在不断地变化，领导者在组织中的特殊地位，令他掌握着整个组织的发展方向。而企业作为社会经济中的重要组成部分，其领导者对于经济的发展趋势也具有特殊的影响功能。领导者的方向就是组织的方向，也就是经济事业的方向。

不仅仅是本土企业对于经济的发展起着重要的作用，跨国公司对于国家的现代化产业发展也起着十分重要的作用，跨国公司的领导也促使着国家经济发生着不同程度的变化。我国许多的产业就是在改革开放后在外国投资的带动下逐步发展起来的。跨国公司的领导经营为我国提供了一定的资金和技术，更重要的是为我国现代化产业的发展提供了强大的推动力，从而有利于市场中产业的升级，从整体上提升我国产业化水平，增强我国在国际上的竞争力。

跨国公司的领导不仅催生了一批先进的现代化产业，还因直接投资推动了现代化产业的发展。改革中，许多产业及时调整方向，促使很多产业发展成为全球核心产业的组成部分。跨国公司经营的新思路还促进了中国产业经济的重新组合。跨国公司的并购促进了中国各产业的转型和竞争力的提升。理智的公司经营对于改善经济构成、调整经济发展方向具有深远的意义。

其实，不论是本土企业还是跨国企业，身负重任的领导者都需要在创业实践中不断增强自身的创造性思考问题和解决问题的能力。凡是成功的企业家都是能够突破传统的思维方式，进行创造性的思维活动的领导者。领导者们作为国民经济建设者，其行为和决策都与经济环境的变化息息相关。当好市场经济条件下的企业领导者可以从以下这些方面来建构：

第一，领导者要善于决策，并在决策过程中遵守科学的方法和原则，统筹兼顾和深谋远虑才能使决策立意有高度。同时，领导者还应善于集中多面的智慧，做到优化评估，在把握全局的前提下，满足未来企业的发展动向要求。决策中，领导者要善于用人来帮助自己做出正确的谋断。

第二，领导者在企业发展中要注重改革。我们现在所处的政治经济格局表现为世界多极化、经济全球化、和平发展三个主要特点。改革可以让企业在经济全球化中打好攻坚战役，顺应社会经济转型的需要。领导者应该将主要精力放在人事制度、分配制度和用工制度三个方面，进一步激活企业活力。

第三，领导者要会用人。用人行政是领导力职能的重要表现。领导者不仅应该具备爱才之心，而且应该善于发掘人才，维护人才，培育人才。在新时代的知识经济中，领导者人才建设的责任越来越重。领导者还要时刻注重提高员工的能力和素质，将宝贵的实践经验和智慧传递给企业的成员，加强企业文化的建设。同时，在与企业共发展的道路中，领导者要全面提升自身的领导素质，以更加良好的姿态迎接经济发展中的一个又一个挑战，充分发挥核心领导力，展示优秀领导力的能量。

第四，领导者应该掌握管理的核心。企业管理不仅包括战略决策，还包括人力、营销、信息等要素的整合应用。领导者应该注重以高科技为核心，重视有形资本的知识经济管理观，以谋略和智慧推动经济的发展，注重企业产品内在质量的增长。在文化管理方面，许多企业已经做出了成功的探索。现代化的管理运作激励了企业经济增长的新形态。领导者还应看到"激励"在发挥员工创造力中的潜力。领导者应该在管理中将激励的具体做法与时代的要求相结合，以考核为基础，形成科学的考核激励机制。

第五，领导者应该在自己的领导岗位中不断进行修炼，培养全方面的优秀品质，这样才能带领企业在市场经济中更好地与周边环境进行博弈。领导者可以通过学习、实践相结合的方式不断完善品质，并通过不断自省提升和完善自己，实现自己和企业的愿景。

满足了这五点要求的领导者可以发现，其实企业只不过是一种市场工具，而市场经济才是领导者的主导对象。正如我们开篇提到的斯坦福大学领导理论——领导者追求的是用企业引领全部市场的经济发展。

Leadership

崩盘原是股市用语，但是没有一个固定的标准来圈定股市到底发展到哪一步算是崩盘，很多人将大盘短期内持续出现较大的跌幅叫作"崩盘"，也有人将股市的崩溃现象称作"崩盘"。总之，崩盘指的就是一种动态中的极端的运行状态，翻盘则是崩盘的反义状态。

如果一个企业出现崩盘，则意味着绝大多数投资者丧失信心想要离场，全行业都处于"共亏"的局面，或者管理者拯救、维系市场功能的举措基本失效。可见崩盘对于一个企业来说具有强大的杀伤力。对外经贸大学市场研究中心主任张建平教授曾经说过，每个企业的破产都基于一种深刻而简单的原理：几乎所有的企业发生崩盘，都是由于资金链的断裂。而企业资金链的断裂又跟企业的领导力有着密不可分的关系。那么，企业领导者如何预防企业的崩盘危机？当企业出现危机，如何顺利地将企业由崩盘逆转为翻盘呢？这就需要企业内部领导艺术的发挥和运用。

正如斯坦福大学领导力公开课中所讲的那样，企业的领导者需要有敏锐的洞察力，才能时刻准确地掌握企业的发展动向，才能在市场机制运行良好的情况下，预见企业的崩盘危机。

比如，遭遇崩盘的德隆企业在最辉煌的时候就曾暗藏着一些问题。为了能够维持股价的稳定，制造一种虚假的活跃表象，德隆企业每年不得不付出巨额的印花税和交易费用。并且二级市场曾经出现的暴利和资金上的困境，都导致了德隆的决策者不再用心洞察企业发展环境和状态，导致企业的状态随之紊乱，最终在市场竞争中走向崩盘。

那么，如果企业出现崩盘的危机，领导者应该怎么应对呢？最主要的就是领导者要审时度势，勇敢正视问题，摸清企业的核心竞争力，对挑战进行准确回击。

比如，对于科技企业而言，技术就是企业家的核心竞争力和领导力之一，在瞬息万变的技术浪潮中，它关系到企业的生死存亡。

百度董事长李彦宏在企业管理中一直推崇简单管理理念，虽然这一套西式的管理并没有达到预期的规划目标，但是他拥有的卓越的技术领导能力弥补了管理上的一些缺陷。严谨又积极的领导品质帮助他解决了许多难题。21 世纪初，百度创业时期遭遇了纳斯达克崩盘，这令新兴的企业遭受了很大挫折。但是李彦宏及时调整了企业发展方向，勇敢地面对创业时期的管理问题。他迅速地改变商业模式，决定从后台的技术提供商走上前台，重新定位企业为终端网民的搜索网站。

两年后，他发挥稳健的领导能力，使技术提升的"闪电计划"项目顺利开展，并且依靠自主创新能力进行了系列创新，开发搜索新技术，并计划将来把百度打造为全球互联网创新的大本营。李彦宏运用领导能力扭转了企业的崩盘危机，最终令企业焕发新生。

海洋浪花公司也曾经遭遇过崩盘式的打击。1959 年 11 月 9 日感恩节前夕，美国卫生教育福利部部长弗莱明突然宣布，当年的克兰梅作物由于除草剂的污染，在实验室内老鼠的身上试验，产生了癌细胞。卫生教育福利部部长的这席话，给海洋浪花公司几乎带来了灭顶之灾。浪花公司正是靠制作克兰梅果汁与果酱生存的企业，那时正值克兰梅饮料和果品销售旺季，报纸、电台公布了"克兰梅致癌"的消息。顿时，美国广大民众都对克兰梅这种果子产生了戒备心理，克兰梅系列产品的销售业绩一落千丈。

面对突如其来的打击，海洋浪花公司立即通过一系列公关和宣传活动来向民众澄清事实，打消人们心中的疑虑。公司领导立即决定成立小组来向新闻界说明克兰梅是安全的，并安排了一系列媒体访谈节目，并要求弗莱明澄清此事，挽回因为他的失言而造成的公司巨额损失。浪花公司副总裁蒂文斯致电总统艾森豪威尔，要求赔偿1亿元的损失，并于次日邀请了打算竞选总统的尼克松和肯尼斯上电视台，安排两人分别吃了克兰梅食品。之后在美国公共关系人员的协助下，浪花公司通过法律申请了对克兰梅的专项实验检测，随后及时向公众宣布了化学实验结果。在感恩节前夕，美国各商店的货架上又重新开始售卖克兰梅系列食品，浪花公司安然度过了这次危机。

不仅是百度、浪花，还有杜邦、福特、苹果电脑、雀巢等都在企业的发展中经历过重创，他们的曲折经历都是商界的翻盘经典。斯坦福大学公开课中，各大企业的领导者都具备一种领导特质，那就是，他们善于运用各种方式，充分利用自身优势。正是这一点，他们都曾成功地领导企业度过经营危机，实现企业反败为胜。

除此之外，企业崩盘危机之下的领导者，还应该努力塑造自身的以下技能：

一、分辨下属的特质和现状。企业出现崩盘危机时，领导者能够应用的最宝贵资源就是企业内部的人才。这需要领导者能够及时掌握下属的性格特征和他们在企业危机之中的工作状况，这样才能真正掌握企业的发展脉搏。如果领导者察觉到企业员工工作热情缺乏，员工内部关系动荡，那么就可以对症下药，为企业应对危机挑选最适合的人力资源。

二、选择适当的领导风格。在企业遇到危机之时，领导者应该发挥稳健、民主型的领导风格，多采纳合作者、员工的意见和建议，共同为企业扭亏为盈贡献资源。强势的领导风格并不适合企业应对崩盘状况，还会导致企业内部人心离散，适得其反。

三、领导者应该加强情绪的认知和调控。在危机来临之时，领导者面临着巨大的压力和挑战，内心难免波澜起伏。但是，若将负面情绪带到企业的领导和管理当中，就会引起不必要的矛盾和误会。领导者应该加强情绪的调控能力，认清情绪的来源，找到疏解情绪的办法，才能更快地带领企业走出泥潭。

四、树立坚定的信念和意志力。领导力就是企业的品牌和竞争力，领导者时刻代表着企业的风貌。因此，领导者在企业陷入危机时也要保持坚定的信念，并发挥顽强的意志力。在企业的崩盘扭转操作中，运用意志力应对苛刻的经济挑战。

崩盘危机并不可怕，关键是提升领导的决策、行动能力，采取行之有效的措施，才能东山再起。而这一切需要莫大的勇气。就像 GTV 公司董事长 Joyce Chung 在斯坦福大学公开课中说到的那样，危机之中担心又能如何，绝地反击才是最好的方法。为了维护企业形象，领导者需要运用果断、审时度势的领导风格，果断地采取一连串的反击方案，才能使企业转危为安。经济浪潮之中，领导力只有通过锻造才能变得娴熟而强大，迎合经济发展规律的领导力才能让企业在危机中获得一种全新的机遇。

Leadership

第四节　金融危机与领导力

　　当金融危机席卷全球时，实体经济不可避免地承受着巨大的压力和打击，很多企业家在危机之中开始迷茫，甚至恐慌。危机之中，企业家的领导力无疑面临着巨大的挑战，但这同时也是锤炼真正领导者的最佳时机。

　　那么在金融危机中，企业到底需要什么样的领导力呢？有关经济专家认为，能够在艰难时刻带领企业走出困境的领导者应该有多种素质，不仅要有争先思维，还应该拥有新想法和新思路，愿意投入工作去学习新的知识。

　　诺基亚全球高级副总裁、诺基亚（中国）投资公司总裁赵科林认为，危机之中的领导者一定要有韧劲，一定要能憋得住。金融危机让企业不得不放慢脚步，也带给企业家更多反思的机会。斯坦福大学领导力公开课上，一些企业领导者也剖析了自己领导的企业曾经在经济形势大好的时候发展太快，主要精力都用在了占领市场上，却忽略了粗放型的管理对于企业发展有着难以忽视的羁绊。

　　斯坦福公开课告诉我们，危机来临，企业要想坚持，则需要领导者做好充分的心理准备，同时要有积极乐观的态度。领导者应该专注于企业更本质、更长远的发展规划问题。发挥全面的领导素质，对企业内部的转化也是一个很好的时机。

一、发挥稳健的领导力。金融危机中，企业发展的外部环境变化激烈，很多企业的坚持性战略很难持续下去，这就凸显了稳健的领导力的重要性。领导者应该坚守之前的合理经验和原则，领导企业坚守住其长期目标，并执着于与公司核心价值理念相符合的战略性增长目标，领导员工共同为企业更加长远的发展保持充分的作战状态。

2002 至 2003 年，诺基亚在中国的市场份额不断下滑，虽然企业采取了很多措施，但是在随后的一年多时间里仍然没有看到立竿见影的效果。然而，赵科林始终相信自己的判断力，坚定步伐，最终成功地扭转了局面，其后的几年间诺基亚在中国的市场销售成绩不断被刷新。

二、发挥谨慎的领导风格。金融危机大环境之下的企业极易出现大起大落的局面，很可能前一个月还在奋力抢占市场，下一个月就要因为资金链的断裂而遭遇破产。此时的领导者更应该谨慎，避免杀鸡取卵式的决策，即便是短期内收益不多，也要保证资金的健康流动。危机之中往往蕴藏着机会。很多创业者正是在金融危机之中再创业，并且赋予了企业新生。雅虎、谷歌等公司，都在创立之初遭遇过严重的经济危机，但是他们的领导者发挥了高水平的领导力，令企业逐步发展成为世界上家喻户晓的公司。自古以来，危机都与人类的发展如影随形，领导者若不想被时代抛弃，只能理智地迎接挑战，领导潮流。

三、应对经济挑战时，发挥冒险家品质，保持镇定力。金融危机中的领导者还需要有自信且敢于冒险的品质，以及适时地调整经营结构的决策能力。经济危机之中，应该缩短战线，节省开支，企业应重新审视自身的竞争力以及与竞争对手的差异，努力提高自身的核心竞争力。

领导者应该敢于冒险，带领员工一同与危机抗争。在危机之中，领导者应该实行"跟我来"式的管理形式来取代民主型的领导，这样才能更快速地解决问题，更好地应用领导者前瞻性的眼光。阿里巴巴董事局主席马云就拥有极具前瞻性的战略眼光。早在全球经济一片大好的时候，阿里巴巴刚刚上市，一举创下了116亿元港币的融资神话，但是马云在那时就开始着手准备"过冬"的问题。当时很多人还不太理解他的行为；但事实证明，马云的前瞻性准备在金融危机来临时发挥了巨大效用。

四、展示并发挥对于危机预案的领导力。领导者只有准确地判断形势和可能到来的危机，并预先设计对策，才能在危机来临时应对自如，长久的战略才能使企业更加从容地面对经济复苏的未来。万科集团董事长王石曾经在同行竞争加剧的情况下带头降价，遭到了许多人的不解，甚至攻击。但是后来资金链遭遇断裂危机的商人们不得不佩服王石快速回笼资金的决策之明智。正如赫默温·布莱德风投公司的创立者 Ann Winbland 在斯坦福大学讲座中提到的那样，对于各企业来说，领导者的发展性眼光是至关重要的。

金融危机之中，领导者应该领导企业全力出击，全方位准备着在经济复苏后抓住机遇，并积极地采取措施，沟通内外环节。在危机之中，很多企业的领导者急于澄清针对自身企业的传闻，但是在镜头面前躲躲闪闪，这样更加深了企业的公共危机。领导者只有运用完善的沟通机制，才是寻求发展和合作的最好办法。这就需要领导者发挥适当的领导力，针对企业现实问题，随机应变，既不能对危机估计过重，也不能对危机估计不足。

五、发挥团队领导能力，提高自省自觉。对于领导者来说，金融危机是一把双刃剑，它一方面带来巨大的危险和挑战，另一方面也给领导者带来机遇。领导者不应该只是危机中变革的开创者，更应该成长为一名风险之中的掌控者。领导力的发挥离不开团队的建设，领导者应该看到团队蕴藏的巨大能量。在企业快速发展时期，优秀的人才很容易聚集，但是当企业的发展遇到瓶颈时，人才很容易出现流失。

卓越的领导者应该能够激励和号召整个团队一起奋战。领导者需要维系企业内部的信任氛围，只有建立在信任和自信基础上的领导，才可以带领团队一同接受风险，并且增加组织和行动的活力。金融危机中的领导者承担着更为艰巨的责任，应该及时地激励员工，凝聚向心力。作为一个领导者，必须发挥领导力，鼓励别人参与，应该将自己的应对危机计划告诉自己的团队、客户等，取得他们的信任和支持。

曾经担任百事可乐首席执行官的安·皮尔逊就坚信，人心才是一家公司走向成功的驱动力。这种成功需要领导者承认别人的贡献，懂得奖励他人的努力。危机面前，激励人心的号召力可以让企业内部更加团结，加强企业内外部的通力合作，从而做到资源最大化的互补，发挥出更大的能量，最后实现双赢。

斯坦福大学领导力对话的公开课中，优秀的企业 CEO 无一不在向我们证实，金融危机之中，企业的领导力发展不是一蹴而就的训练，而是一场需要用心拼搏的持久战。他们的实践经验告诉我们，应对金融危机需要领导者付出更多的努力，需要将领导力培训纳入整个人才管理发展体制当中，全方位地进行人才的开发。只有这样，才能应对企业管理中欠缺的问题，才能领导企业在全球经济的发展体系中表现得更加游刃有余。

Leadership

如何将领导力转
化为现实力量，
转化为经济力量

Leadership

Leadership

长久以来，很多领导者会选择参加培训机构开设的课程，或者聘请专业的培训师来增强自己的领导能力。虽然这种传统的培训方式有利于领导者理论知识的学习，但是缺少实践的学习，导致领导者很难实现领导力的真正提升。美国《金融时报》的一位专栏记者曾经指出，或许这个时代应该收回"企业家"的称号，因为在过去的时间内，无数的学者、政界人士、咨询顾问公司举办了无数场以企业家精神为主题的研讨会、专题活动……而现实是，这些参加活动并发言的政界人士和学者谈论创业的内容，在一定程度上会误导初创业的新领导者。

其实，从本质上来说，创业与理论并无多大关系。创业只有通过人们在市场中的实践和亲身历练，他们才有可能顺利地与合作者、客户、供应商、员工们达成一种共同理想。领导力的提升也正是需要通过创业期间的实践磨炼才能达成，一个企业是否能够成功，关键在于企业家们作为领导者是否体现出了出色的使命感和奋斗气质。

作为斯坦福大学第十任校长，约翰·汉尼斯不仅是一名出色的高校领导者，更是一名优秀的企业家，他曾创办了著名的 MIPS 科技公司，在硅谷创造了一个传奇。

从一个高中时期就对科技产生浓厚兴趣的少年，再到计算机科学博士，最后在斯坦福大学开始风光无限的领导事业，汉尼斯的身上天生具有一名出色的领导者的素质。高中时期，为了研究三指棋机器，他和同学费尽周折找到原材料，在没有充足的理论知识储备的条件下，凭借着一次次的实验和摸索，成功地完成了实验，令身边的同学和老师震惊不已，或许他的领导潜力就是从这时开始不断显现的。

在成为斯坦福大学的校领导之后，他决定创办 MIPS 科技公司来更好地完成自己的追求。创业之初，他遇到了很多的挑战，那时候相关领域开发还存在很多空白，但他仍勇敢地投入到新的工作中去，不断地在工作中检验自己的理论和设计，一步步在挫折中完善自己的领导能力，最终带领企业创造了可观的收益。约翰·汉尼斯从来不认为领导能力是专属于某个人的，只要乐意去尝试，敢于去创造，便可以在工作中发现问题，解决问题，更好地正视企业和自身问题，从而为企业铺垫出一条更加科学的发展道路。

成功的企业家需要有从实践中发掘潜能的能力。只有立足理想，在理论学习的同时，针对自己的优势和劣势，有目的地进行实践，才更有利于在以后的工作中逐步形成理想的领导风格，平稳地实现自己领导艺术的进阶。

在企业发展的新形势下，核心管理层的领导艺术在企业的运营决策中起着越来越重要的作用。复杂的社会经济环境衍生出的竞争挑战也需要企业领军人物具备卓越的领导艺术。然而，只有在实践的催化下，才有利于领导者更快速、更扎实地提升自身的决策能力、合作能力与竞争力。在实践中，没有学过领导学的领导不一定不具有高超的领导能力，而即便是MBA 专业出身的学生，也未必可以掌握创业时的领导技巧。

联想集团有着一套独特的领导培训模式，即在实践中培养更加优秀的领导者。调查表明，企业领导者的成长 70% 都来自于实践，只有 10% 依靠课堂学习。作为跨国公司，联想十分重视人才在实践中培养领导能力，同时也很重视员工通过集体反思和学习来获取更多思想上的火花。

为了培训人才，联想设计出了一个准实战型的培训模块，即"国际化体验之旅"。他们在全球找到一个具有另类特色的市场——印度市场，然后按照中国的管理团队和核心后备人才的特点进行分组，对印度市场进行"旋风式的市场进入体验项目"。接受培训的人员需要在一天的时间内，想方设法去了解当地的市场，提交市场开发方案，并立即实施，最终还要进行成果的展示。一开始，人们都觉得这是不可能完成的任务，而事实证明受训人员的综合能力有了一个明显的提升，领导能力也在实践之中有了一个更加切实的提高。

无独有偶，华润集团也针对高层人才设计了独特的实践活动。高层领导人才需要以小组为单位，运用多种工具，到华润集团的各核心部门进行实际的组织能力诊断。他们通过多种方式对集团的各核心部门做出诊断报告，同时接受质疑。这样的实际操作培训，令华润的高层领导们完善了专业储备的执行能力，也在实践中优化了他们的领导技巧，同时还加速了领导力的培养和发展的实践性。

联想和华润集团的"领导养成计划"更验证了领导能力的培养过程其实就是实践的过程。科学性的东西可以遵循一定的领导规律，但是领导艺术却很难通过一种固定模式来学习。领导能力是经验的升华，而经验是在实践中积累起来的。那么，这些积累出的领导艺术都包括哪些方面呢？

决策是领导艺术的主要内容之一。因此，科学地决策也就成了领导艺术的基本问题之一。复杂多变的工作环境中，只有具备出色的才能、丰富的经验和高瞻远瞩的能力，才能运筹帷幄，显示出一个领导者稳操胜券的姿态，而这些，都离不开充满机遇的实践。创业需要丰富的领导经验，也就离不开充足的领导实践。有目的地反复实践，更加有利于理想的实现，从而循序渐进地积淀人们的领导风格。

美国伟大领袖之一西奥多·罗斯福是一个拳赛迷，他曾经这样形容他心目中的英雄："真正的英雄不是那些场边的评论家。他们唾沫横飞地描述拳赛如何精彩，指手画脚地指出选手怎么样可以表现得更好。真正的功劳应当归于那位场上的斗士，他脸上带着伤痕和血汗，奋战不懈；虽然因为失误而换拳，出手时常落空，但是他依旧满怀斗志，全身心地投入于一场有意义的事业中。最好的情况是他最后取得胜利，最坏的情况是被击败了。但无论怎么说，他是奋战之后才落败的，不像那些冰冷又怯懦的人，从来也体会不到获胜或者被击败的舒畅。"

其实，罗斯福的成长过程并非一帆风顺，从纽约市警察局长到最后成为美国总统，他出色地实现了美国一个阶段内国民社会、经济状况的转变，他一直在不断地努力践行着自己的抱负和理想。从最初竞争总统职位时遭受怀疑，到亲自竞选总统时高票通过，都证明了他在实践之中积累的领导能力获得了人民的认可。罗斯福以终身热忱的作为诠释了一个优秀领导人的定义。政治家的领导力和企业家的领导力在某种程度上是共通的，实践才能出真知是亘古不变的真理。

想要提升自己的领导艺术，领导者们就必须勇于、勤于实践，这样才能在现实中找准自己的事业定位。创业的过程中潜藏着各种各样的荆棘，领导者的能力要想转化为真正的现实效益就需要更加理性的智慧和更加有目标的实践行动。单纯地依靠理论学习无法真正地触及领导艺术的核心，实践才是不断增强自己领导能力的有效途径。

领导者要明确自己的梦想和渴望，通过全方位的反馈意见，客观分析自身情况，在领导实践中不断地实验、反复练习，找寻问题源头，突破思维局限，才能掌握更科学、更先进的领导经验。无数次的实践之后，领导者才能达到战略规划、执行、业务创新和管理能力的全面提升，并最终斩获高超的领导艺术。真正意义上的领导能力，或许就蕴藏在你下一次的决策行动之中。

Leadership

第二节　合伙创业也需要领导力

随着现代社会的迅猛发展，各种机遇不断涌现，越来越多的人选择自主创业来实现自己的理想。可是，创业并不是一件容易的事情，尤其在创业初期，创业者总会遇到各种各样的问题。由于资金、人才、经验的不足，也缺失家族企业那样良好的创业条件，这时，选择一个或者几个志趣相投的朋友，合伙开创企业的发展之路，成为很多创业者的愿望。

合伙经营的方式，可以充分发挥集体的能动作用，对于迅速扩大公司实力、减少个人经营的风险都起到很关键的作用。在世界各地，合伙创业的企业不在少数，Apple（苹果公司）、Microsoft（微软集团）、Google（谷歌公司）等国际公司都是由很多创始人联合创办的。多个创始人不仅可以在知识和实际操作技能中相互补充，还可以在企业经营迷茫、困惑的时候及时而有效地给予最有力的支持。

然而，合伙经营中也存在诸多的问题和隐患。和家族企业不同，合伙企业由于缺乏血缘这一天然的联系纽带，企业家面临来自合伙人关系的挑战难度丝毫不亚于来自商业经营本身的挑战。如果企业一旦经营不善，极容易分崩离析。而很多人在创建企业之前，都是无话不谈的朋友。在朋友圈寻找合伙人也是很多企业创始人最常使用的方式。企业运转步入正常轨道后，合伙创业的过程中经常会出现矛盾纠纷，名利的争夺在很多公司中屡见不鲜，这会导致公司经营陷入危机。要想合理地把握合伙创业中相互关系尺度，从而避免经营管理中的矛盾、冲突，企业创始人就不得不确定领导人的权力了。

合伙企业若想走得长远，就需要在企业内部确定一个坚实有效的领导力，遇到重大问题与分歧时，领导者应该坚持原则，帮助企业进行良性决策，来保障合伙企业发展的确定性。

如今是市场经济，合伙的过程中，合伙人应该明确投入比例、利润分配的有关事宜。核心领导者应该发挥领导力的艺术，以确保合作的顺利进行。合作投入比例是合作开始双方根据自身的合作资源作价而产生的。合作初始，领导人就应该以战略发展的眼光看问题，预先分析后期的资金或者资源的再进入情况。如果一方没有融资的实力，那么，另一方的投入就自动转换成相应的投资占有股，以此来平衡分配企业经营中的投入产出的利益。领导人必须果断地根据合作双方约定的书面分配合同，来分配双方的利润。

在合作初期，创业合作者要明确合作伙伴的权力和职责，并做出书面的职责分析。在长期的合作中，明晰权责相当重要，这样可以在后期的经营中减少不必要的矛盾和冲突。

在合伙创业的过程中，需要领导者及时准确地把握企业发展方向，有效地预防合作过程中的摩擦。合作双方之间的摩擦主要集中于创业后期的经营权和利润分配的矛盾上，因此应合理地安排合作职责，明确双方利益，从而保持企业内部良好的经营合作氛围。合作之中良好的合作心态才是解决摩擦的重要保障。

领导者应该在创业的过程中确定自己的管理风格，这样有利于高效地处理合作中遇到的实际问题，不同风格的领导会对创业之中的合作经营模式产生不同的影响。一般来说，回避型解决风格可以维持双方的关系，但是可能对冲突并不能有效地解决；调和型解决风格可以维持合作中双方的关系，但可能达不到预期的管理目标；使用强制型解决风格时，如果领导者的观点正确则可以引导一种更合理的决策出台，但是可能会导致其他合伙人对领导者不满，这需要领导者以实际而充分的分析说服合伙人；谈判型风格可以迅速地解决问题和冲突，而且可以维持良好的工作关系，但是可能会因为谈判的模式影响工作效率；合作型解决风格虽然可以帮助企业更快地解决冲突，但是往往需要领导者花费相当多的时间和精力。因此，领导者不能局限于一种风格，要学会多种风格并用，快速而高效地解决问题和矛盾。

合伙创业中的领导力不仅仅涉及处理上下级的人际关系，更重要的是要维持一种合作者之间的良好关系。领导者在领导方式和领导风格的选择上应该更为谨慎。合作者之间的性格要能够互补才利于企业的长久发展。

我国教育产业第一股——新东方英语培训机构就是中国合伙创业的典型案例之一。新东方合伙创业的三个人虽然性格不同，但是能够起到和谐的效应。徐小平在新东方领导层中起到了一种融合、化解矛盾的作用，而王强则性格坚定，遇到违反原则的事情就会立即当面指出，这对企业的很多重大决策起到了关键的作用。在新东方众多改革性决策中，王强就起到了重要的作用。

徐小平认为创业过程中领导者须对人性把握得恰到好处。合伙创业公司崩溃一般只有两个原因：第一，资金不够；第二，团队崩溃，合伙人放弃创业导致分崩离析。新东方创业的十几年中，权责分明的领导力规划对企业的长远发展有十分重要的意义。创业团队中的氛围应该是相互尊敬、钦佩，同时又相互挑战的，经得起实践的合作才是长久的合作。

华帝热水器的崛起也是得益于合伙创业中领导力的动能，七位创始人组成的商业阵容曾经被人们称作"七星北斗阵"。来自于广东中山市小镇农民家庭的七个人树立起了合伙创业的范例。1991年，原本在小镇不同单位工作的七位朋友偶然聚集到了一起，事业都小有成就的他们决心为日后更好的事业发展仔细规划。1992年4月，七人推举邓新华为董事长，黄文枝为总经理，将企业更名为中山华帝燃具有限公司。在股权的分配上，村政府占有30%，余下的股权七人平分，各占10%，其中黄占均和关锡源以管理和营销知识入股。领导人的确立为企业的经营奠定了扎实而稳定的基础。

华帝热水器的创始人遵循着"各尽所能，各取所长"的基本原则，进行了合理的分工，每个人都兼任一个部门的经理。同时，他们从制度上根绝了个别董事培养亲近势力的可能性。凭借着合伙人的信任与齐心协力，以及规范的管理，华帝热水器最终成为中国同行业中的领军企业。

领导者应该注意，合伙创业人在合作过程中最忌讳的就是相互猜忌。经营中遇到问题时应该相互本着真诚、互信和公正的态度来解决问题。合伙人要在领导力的指引下充分发挥彼此的优势，以公平的角度去解决问题。当股东之间出现分歧时，领导者需要做好最坏的打算，这样处理问题时才会以比较平和的心态面对企业经营中的波折，最终圆满地解决问题。此外，如何在求利的基础上，使合作感情与利润同比增长，是每一个合伙人都应该思考的问题。领导者需要在生活、工作中不断地检讨自己，防微杜渐，才能尽可能避免危机。

合伙创业的优势很多，创始人在合伙的模式中共享资金、资源和信息，并且共同承担风险。但是在经营中只有充分发挥领导力的决定性作用，才能充分利用好合作的优势，最终在市场上领先其他的企业。

Leadership

第三节　领导力等于竞争力

　　企业的良性发展取决于企业的竞争优势。有些企业的竞争优势在于品牌效应，有些企业的竞争优势在于专利技术，有些企业的竞争优势在于经营模式。但是品牌、技术、经营模式都面临着市场的竞争，充满着未知的变数。而在市场经济中，面对重大的变革，一切手段都可能随时失效。那么，作为一名领导者，我们如何才能带领企业独占鳌头，及时抢占先机呢？

　　斯坦福大学公开课讲师大卫·莫纳给出了答案。

　　在公开课上，大卫结合自己的创业经历谈到了这样一句话："企业真正的核心竞争力就是企业领导者的组织能力，因为领导力决定着企业的未来。"由此可见，培养关键人才领导能力，才是提升企业竞争力的重要任务。

　　企业是无数资源的集结，创业者们个性化的性格和能力令他们敢于在商界拼搏和奋斗。企业创始人由一个商机、技术或者一种商业模式而令企业从无到有，一步一步塑造出规模。企业领导者们拥有的巨大影响力对企业的走向起着举足轻重的作用。领导力使企业拥有了高效率，但如果个人判断失误或者个人价值观背离了企业的发展观，将会对企业造成严重的后果。

成功的领导者可以为企业创造核心竞争力。企业成长的关键也在于领导者的领导力。2012 年中华征信调查研究结果表明，重视培育关键领导人才的龙头企业在市场竞争中更容易应对挑战。台积电董事长在企业发展中，坚持领导团队创新，不断冲击高阶技术，成功地提升了企业竞争力和企业利润，2012 年曾经获利千亿元以上，这一结果再一次证明了领导者的正确决策对企业的促进作用。

企业选对领导人，才能创造成功的能源和动力。在 GE（通用电气公司）的内部，流传着这样一句话：韦尔奇无处不在。这句话源于掌管着数百亿美元资产的 CEO 韦尔奇，他在工作中保持着与 50 多个国家的十几万员工进行面对面交流的领导方法。在 GE，员工与韦尔奇的交流不存在任何的障碍，每一个员工随时都可能会收到韦尔奇的邮件，因此，他们很愿意将自己对于公司的想法和建议直接告诉韦尔奇。在 GE 的经营中，韦尔奇发挥着独具风格的领导能力，在他的带领下，实行扁平化组织形态的企业中，个人被赋予较大的权力。杰克·韦尔奇的理念便是："领导者是激励者和资源调配者，而并非员工行动的指挥者。"一次，GE 四位不同岗位的员工跑来参加记者的小型座谈会，他们事先并没有取得上级的批准，只是来的时候通报了一声，这在其他企业或许是一件不可思议的事情，但是在 GE，人们却习以为常。

韦尔奇对基层员工十分亲和，人性化的领导风格使员工们更加清晰地了解公司实时动态的方向，从而在工作中更好地实施相关工作任务。善于倾听的韦尔奇用他魅力型的领导力带领企业创造了许多商业奇迹，他独特的领导能力带给企业的是更为长久的发展力量。

智慧型的领导力不仅能带给企业强大的市场优势，还能为企业带来新鲜活力。20 世纪 70 年代到 90 年代，日本汽车大举进入美国市场。1978 年，福特汽车的销量下降了将近 50%，1980 年又出现了 34 年来的第一次亏损。为了重塑公司竞争力，福特领导层制订了"雇员参与计划"，请工人们对公司的生产发表意见和看法。工人们畅所欲言，提出的合理化建议高达 700 多条，公司从中采纳了相关建议 542 条。经过一番锤炼改革，福特公司减轻了员工的劳动强度，同时也使产品的质量和生产效率大幅度提升。这次领导层的决策为福特与日本汽车厂商相抗衡并在市场中重新崛起奠定了坚实的基础。福特公司领导者认为，工作在第一线的工人们每天与生产线接触，比领导者更了解生产情况，他们的建议应该会更加有效地提高生产率。因此，领导者决定采纳工人们的意见。而正是领导者的智慧决策，才为企业提供了翻盘的机会，增强了福特的竞争力。

以上种种案例再一次证明了，成功领导者可以通过实践提高企业的利润和竞争力。而企业面对来自各方不断的挑战时，应该重点从以下几方面提升领导力：

1. 创新能力。

创新是企业在国际竞争中不断取得主动地位的重要决定因素。企业领导者要改变落后的思维方式，打破因循守旧的心理，克服创业中的习惯模式和错误的方式方法。领导者还要提高分析形势的能力，为企业注入持续的活力和希望。

2. 学习能力。

领导者应该学习全面、系统的知识，不仅仅是政治思想理论，还包括法律、管理、经济等多方面的知识。只有通过不断的学习，才能培养创造性思维能力，才能带领企业在市场中不断发展。

3. 决策能力。

领导者应该打破常规，适应企业改革与发展的需要，并且培养自身的决策风险意识和心理承受能力。在工作中不断自我诊断，进行自我控制，更好地把握在企业中的主动地位。

4. 智力资源的开发。

领导者要注重培养员工的智力、理解能力、思维能力和创造力等。同时，领导者还要加强员工的科学技术和技能水平，在日常工作中充分地调动员工的积极性。

领导力不仅仅是一种职业技能，更是一门综合性的艺术。发挥良好的领导力才能真正为企业创造效益，带给企业长久的发展。市场经济发展之中的企业领导力，只有遵循经济规律，以人性化、科学化的方式发挥，才能真正激发和提升企业的竞争力。

Leadership

第四节　小团队胜过大散沙

　　我们知道，在辽阔的草原上，狼的个体能力并不出众，它们的咬合力不如虎豹，体力又不如羚羊，体形更是不如大象、犀牛等生物。但是，就是这种看似"弱小"的动物，却敢于偷袭虎豹，捕猎成千上万的羚羊，它们常常令其他动物闻风丧胆。而赋予狼如此超群能力的就是它们所具备的"团队精神"。

　　狼是一种群居动物。捕食猎物时，很少会有单独行动的狼，狼通常都是群体作战，在捕食中各就其位，各司其职，以嚎声起伏互为呼应，默契配合，有序而不乱。头狼昂首一呼，主攻者奋勇向前，佯攻者避实就虚，后备者厉声呼号以壮其威。单独的狼并不强大，然而当狼集体捕捉猎物时却能够表现出强大的攻击力。而在狼成功捕猎的过程中，严密有序的集体组织和高效的团队协作是最重要的因素。

　　同样，大到一个企业，小到一个部门，乃至一个工作小组，都需要选择一个大家都认可的团队领导人。只有这样才能够带领出一支坚不可摧、锐不可当的高绩效团队。阿里巴巴的马云曾说过："唐僧是一个好领导，他知道孙悟空要管紧，所以要会念紧箍咒；猪八戒小毛病多，但不会犯大错，偶尔批评批评就可以；沙僧则需要经常鼓励一番。这样，一个明星团队就成形了。" 马云认为一个明星团队的价值要大于一个明星领袖，因为个人的力量是渺小的，只有团队的力量才是无穷的。团队中每个人的作用是不同的，每个人都有每个人的位置，每个人都有每个人的作用。"人尽其才，才尽其用"才能够最大限度地发挥团队中每个人的力量。

德国著名企业西门子集团招聘职员，吸引了很多人去应聘。这些应聘者中不乏头脑聪明、博学多才的大学毕业生。但是董事长知道，书本上的知识难不倒这些善于考试的大学生，因此董事长决定开展一场特别的招聘会。

招聘开始之后，董事长给前六名应聘者总共发放了 15 元钱，让他们去吃午饭，要求就是每个人必须吃饱。六个人从公司出来到了一家餐厅，他们询问服务员就餐情况后发现，即使是最便宜的面条每份也需 3 元钱，六个人至少需要 18 元，董事长给的钱根本不够，于是他们无奈地走出餐厅。回到公司，董事长问明情况后遗憾地说："真的很抱歉，你们虽然都很有学问，但是不适合在这个公司工作。"应聘者中有一人非常不解地问道："15 元钱怎么能够六个人吃饭呢？这个任务根本就无法完成。"董事长笑了笑说："我已经去那家餐厅了解过了，假如五个或五个以上的人去就餐，餐厅就会免费加送一份。而你们是六个人，如果一起去吃的话，可以得到一份免费的午餐，可是你们每个人都只顾自己，从没有想到组成一个团队，凝聚起来，这说明你们每个人都没有团队合作精神。如果企业没有团队协作精神，怎么会有发展前途呢？"

这些应聘者之所以没有被录用说明了一个问题，没有协作精神，不懂得融入团队的人是不会有发展的。同样，一个企业做得再大，员工没有团队精神，终究也敌不过一个规模虽小，却有高度协作精神的小团队。

然而，现在很多企业的员工都缺少凝聚力、执行力，工作效率不高，就如一盘散沙。作为企业领导者如何将分散的力量组织起来，将一盘散沙变为一支坚不可摧、锐不可当的高绩效团队呢？

1. 了解每个团队成员的优缺点。俗话说得好，人无完人。在一个团队中，每个人都有自己的优点缺点，每个成员应了解其他成员的优点和良好的品质，主动去寻找其他成员的积极品质，学习别人的长处，克服自己的缺点和消极品质，让它在团队工作中被弱化甚至消灭。

2. 清晰的团队目标。比如销售目标、营业利润目标、品牌建设目标。目标应该包括组织的短、中、长期目标，包括更小组织单位的阶段目标，比如，三年、五年、十年目标，包括每一部门、每个工作小组、每个人的目标。只有切实可行而又具有挑战意义的目标，才能激发团队的工作动力和奉献精神，为工作注入无穷无尽的能量。

3. 共同的信念。一个团队组织有共同的信念、愿景会让团队走得更长，更久。共同的信念能让团队风雨同舟，排除万难。如果团队的思想信念不统一，就会大大降低行动效率。

4. 共同承诺。共同承诺就是共同承担团队责任。没有这一承诺，团队就如同一盘散沙。优秀的团队能够一起分享信息、观点和创意，共同决策以帮助每个成员能够更好地工作，同时强化个人工作标准。

5. 培养团队协作能力。培养团队协作能力的基础就是信任自己，信任他人。在团队中，成员间较强的沟通是保持团队旺盛生命力的必要条件。平等待人，有礼有节，既尊重他人，又尽量保持自我个性，这是团队合作能力之一。

一个优秀的团队是在严峻残酷的环境中磨砺锤炼出来的，是在队员们将团队行动法则融入血液，成为行动时的潜规则而塑造成的。我们应该向狼学习，它们是最团结的动物，狼不会在同伴受伤时独自逃走。当它们面对强大对手的时候，会绝对合作，充分发扬它们的团队精神，并肩作战，奋勇抗敌。

　　危难和责任来临之际，狼群里绝不会发生成员相互推诿只顾自保的情况。我们要建立一个"狼性"团队，学习狼坚忍不拔的精神，塑造团队协作精神。团队作为一个整体，要共同面对困难，一起分享成功，坚决不做大散沙。

Leadership

第十一章 领导力量：

斯坦福大学公开课——远见的力量

Leadership

Leadership

第一节 穆尔定律

穆尔定律是由英特尔名誉董事长戈登·穆尔经过长期观察发现的，是指 IC 上可容纳的晶体管数目每隔约 18 个月便会增加一倍，性能也将提升一倍。穆尔定律所述的趋势一直延续至今，并且仍然具有准确性。人们发现穆尔定律不仅仅适用于对存储器芯片的描述，也以一种精确的方式展示了处理机能力和磁盘驱动器存储容量的发展。基于此理论之上的穆尔定律诞生代表着信息传播超速时代的到来，使今后的企业竞争在信息资源的获取与分析中面临着速度上的巨大挑战。

1965 年，戈登·穆尔作为英特尔公司的创始人之一，应邀撰写了一篇名为《让集成电路填满更多元件》的文章。文章中，穆尔对未来半导体元件工业的发展趋势做出了预测。他在文章中指出，单块硅芯片上所集成的晶体管数目大约每一年半的时间就会增加一倍，且性能也将提升一倍。这一预言后来被人们称为"穆尔定律"。而这一定律在过去的数十年间展现出了它令人震惊的精准性，在电子科技领域中，不仅仅是微处理器、内存、硬盘，就连 PC 电脑的主要功能元件都几乎遵循着穆尔定律所预测的道路演化着。因此，人们也称穆尔定律为"个人电脑和互联网科技发展轨迹的金律"。

无数科技公司以切实的技术实践验证了穆尔定律，NVIDIA 公司也不例外。作为全球视觉计算技术的行业领袖及图像处理器（GPU）的发明者，NVIDIA 公司在总裁黄仁勋的带领下，严格遵循着穆尔定律，为企业创造了惊人的利润和成绩。

在斯坦福大学举办的公开课中，黄仁勋谈到，穆尔定律对于公司发展具有先见性的意义。但是在激烈的市场竞争中，公司的领导力量需要担负更多的责任和压力。穆尔定律不仅仅是一条物理定律，更是一条竞争定律，它是公司优秀领导力之下的践行结果。

黄仁勋被业界公认为是一位极具个性的科技大佬，他事业的成功与他对于市场的准确把握和创新精神是密不可分的。他的团队为个人电脑发明了 3D 图像之后，3D 图像成为世界上最热门的科技产品。从此之后，硅谷中的 3D 图像公司开始层出不穷。1993 年的 NVIDIA 公司还是全球唯一一家专业的 3D 图像公司，但是到了 1995 年之后，几十家 3D 图像公司如雨后春笋般地出现在竞争舞台上。"那段时间内，我们要和数百家企业进行竞争。"黄仁勋认为，当时的竞争状况给公司带来了巨大的挑战。各大公司都具有人才和资金，但是 NVIDIA 公司能够和 IBM 竞争，和惠普竞争，和西斯科竞争，和索尼竞争，和世界上大大小小的公司竞争，凭借的就是 NVIDIA 公司领导者所具有的独特视角。

在全球几百家科技公司中，人才和设备强悍者不计其数，但是有的公司总是会在竞争中败下阵来，而有的公司却始终屹立不倒，问题的关键就是领导者能否意识到自己企业的核心价值所在，并且是否具备独特的视角。黄仁勋在公开课中提到，他将自己企业的核心定位于半导体科技之上，并且在竞争中遵循着黄金定律——穆尔定律。"NVIDIA 公司每年的业绩都增长两倍，因此我们企业的构成要素每年增长两个系数，同时开销也减少两个系数。"黄仁勋认为，"企业存活下来的关键就在于领导者为企业开拓的视角。作为 NVIDIA 公司的总裁，我们预测 3D 图像的需求量在全球范围内相当巨大，如果每年将产品的质量翻番，即便消费者并没有当即表现出对这种产品的需要，即便消费者认为公司产品的价钱太过昂贵，即便公司在一开始给消费者寄去样本的时候，他们并没有表示出很大的兴趣，即便所有的人都在告诉你的公司，这样的实验没有前景，作为公司的领导者，都需要坚定自己的创新视角。领导者的坚持才是公司赢得竞争的关键。"

穆尔定律的成功应用还需要领导者以发展的眼光看问题。黄仁勋在创业初期看到了 3D 图像市场在未来的需求量会不断攀升，因此认为公司应该毫不犹豫地坚持穆尔定律，坚持自己的品牌定位。公司创办的前五年时间内，黄仁勋在市场实验中"抛却"了顾客不认可的态度，这是极为冒险的。因为现在的经济学课上，没有一本教材告诉领导者可以忽略消费者。黄仁勋之所以能够取得成功，是因为他对于科技市场的准确判断。在公开课中，他坦诚地说道："有时你确实需要抛却顾客的看法，因为他们并不知道商业的本质。"在 3D 图像行业的基本规则出现之前，NVIDIA 公司就开启了一个全新的商业领域，所以黄仁勋认为顾客在新的商业领域成熟之前，可能不会认识到其中的规则，这就需要领导者在市场竞争中充分发挥果敢、机智的领导作风。之后黄仁勋用公司最后几百万美元又建立了一个芯片产品流水线，这进一步提升了公司在科技领域中的本质竞争力，现在的 NVIDIA 公司仍在致力于研发和提供引领行业潮流的先进技术。

斯坦福大学公开课剖析了如今的半导体市场竞争情况，在毛利润持续下降的状况下，若企业想要增进公司收益，适应穆尔定律，则领导者必须拿起创新这一永不过时的武器，因为只有创新才是推进半导体行业的驱动力。想法与别人不一样，保持创新，这也是 NVIDIA 公司永远领先的法宝。领导者需要将现有的技术与新兴技术相结合，完善穆尔定律的应用，采用更加灵活的创新手段以降低成本，实现利益的最大化。

企业面对经济全球化，必须做出改变。国内外市场竞争实际就是一种全球市场的竞争，国内外企业的进驻带来了巨大的挑战，能够生存到今天的企业，都是全球化经营的企业。从长远来看，企业需要提高自己在行业内的自主创新能力，领导者需要提高企业产品的附加值。领导者要以科学的方法未雨绸缪，预先规划企业的发展之路。在判断重大战略的时刻，企业领导者需要做出正确的决断，并将每一项工作落到实处，这是领导者不可推卸的责任。

黄仁勋在创立 NVIDIA 公司的过程当中，一直保持着一种良好的工作心态，在他看来心态也是极为重要的一项领导品质。领导者要为自己的企业设定价值目标，并朝着预设目标进行努力，有目标的企业才能成为市场的积极参与者。

同时，竞争中的企业领导者应该思考的是如何为客户、为消费者提供最好的产品，而不是将全部精力放在如何打压竞争对手，如何让竞争对手退出市场上。当然，竞争也可以让企业、让员工时刻保持一种危机感，促使公司不断前进，不断地开发出新的产品。"永远为用户提供最好的产品"一直是黄仁勋的口号。

斯坦福大学公开课中的创业者们无一不是在穆尔定律的理论基础上，展示着企业领导力的能动性作用。这也启发着领导者们，应该在全球化经济发展中尽可能鼓励或者调动现存和潜在客户的激情，让人们了解你的产品，给他们提供便捷的工具，让人们享受到一种创新的体验和受到鼓励的感觉。"鼓励或者调动全球人民的激情"对于企业来说是一项艰巨的任务，也是以 NVIDIA 公司为代表的国际化企业把握穆尔定律、实现企业价值的重要方法。

第二节　愿景与视角

　　每个企业都有其内在精神和灵魂，基于这样的企业文化，每个员工、顾客或者竞争者对于企业都有着不同的看法。每个企业都有不同的个性，而企业的愿景就是企业个性的反映。

　　愿景这个概念早在 20 世纪 90 年代就出现在现代管理的思想中，斯坦福大学公开课中将愿景理解为公司、企业的一种关键性特质。企业愿景是企业未来的宏伟目标，是企业的核心与根本。很多企业都将精力放在对企业长期发展、管理的控制上，这种自上而下的组织和管理模式虽然在一定时期内可以起到作用，但是会极大地限制员工和企业的创造力，容易使企业丧失前进的目标，降低员工对企业的认同感。而如果领导者为企业制定一个明确的、可实施的愿景，那么公司就拥有了实现卓越提升的关键。

　　伟大的愿景可以广泛地反映出企业的"核心价值"，对于 NVIDIA 公司来说，核心价值在于不断开拓半导体科技领域。黄仁勋在半导体科技领域有着多年的专业及领导经验，他在斯坦福大学公开课中毫不犹豫地说："愿景让所有的员工知道每天的工作意义。愿景是一种方向，企业前进的方向要始终坚持。"制定愿景的目的，就是创造出一个更加有序的企业。

愿景必须是现实、可信的，并令人向往的。企业的领导者需要提升自己对行业发展的观察力与预见性，并且能够将企业未来的发展规划明确地告诉身边的事业伙伴、员工。假如这个目标是大家所期望的，那么就会激发出大家的动力。值得注意的是，愿景并非某一阶段的任务，而是需要领导者向身边的人不断进行阐述的目标。只有这样，才能将愿景内化为人们的动力，才能实现"愿景"与"激励"之间的良性循环。

为企业创造愿景的领导者还应该立足现实，明确未来的道路。只有领导者自己知道未来要怎么走，才能与员工顺利地沟通，在实践的过程中集结更多的力量。那些顶级的领导者，几乎都会以清晰的愿景和价值观来引导、组织企业，他们能够处处以公司的目标为先，在激烈的市场竞争中，保持顽强和执着的生命力。

本田汽车对于很多人来说并不陌生。在世界汽车行业里，本田汽车占有十分重要的市场份额。但是真正令本田名扬天下的却是本田摩托车。本田摩托的成功首先要归功于它的创业者本田宗一郎。其实，本田发展的道路并不是一帆风顺的，过程中蕴藏着目标抉择的艰难和风险。20 世纪 70年代初，本田摩托在美国市场十分畅销，本田宗一郎却突然改变了经营战略计划，准备将经营重心转向东南亚。那时候东南亚经济刚刚起步，人们的生活水平较低，摩托车对于人们来说仍是一种高档的消费品。许多人对于本田宗一郎的战略感到困惑不解。本田却认为，美国经济很有可能进入新一轮的衰退期，这对于摩托市场是个致命的打击。假如只立足于美国市场，很有可能在经济波动之下损失惨重。而东南亚经济处于腾飞初期，企业未来的发展必须未雨绸缪。一年半以后，美国经济果然如本田预料的那样开始急转直下，很多企业产品滞销，库存量猛增。而东南亚的摩托车开始走俏。这样的结果正是本田坚持的愿景所产生的。可见，领导者在追求愿景的过程中，自然会激发出勇气，为了愿景而全力以赴。

随着企业规模的扩大，企业中的员工背景也更加多样化，唯有企业的愿景可以使这些人聚集到一起。正如黄仁勋在公开课中讲到的那样："愿景是让我们来到这个地方工作的原因，因为我们有着同样的价值观和目标。"愿景是企业在困难时期的方向盘，是企业能够经受住考验的武器。如果在竞争之中，对手没有一个持久的、清晰的定位，那么就成了他的弱点和你的优势。

对于黄仁勋来说，开发 Tegra 曾经是一项巨大的挑战，公司当时的愿景是创造一个能够实现第二次 PC 革命的平台，这个平台将以移动为中心，充电一次即可使用数天，并支持人们在 PC 上使用已经习以为常的 Web、高清媒体和计算实验。明确而充满创新的愿景令 NVIDIA 公司开发的产品在全球市场中迎接了一个又一个挑战，向移动互联网革命迈出了一大步。因此所有杰出的组织都离不开一个共同的愿景，愿景可以铸成企业未来发展的美好图景。

除了愿景，视角的选择对于企业来说也具有激励、引导的作用。在斯坦福大学公开课中，NVIDIA 公司总裁黄仁勋指出："看法所指的范围太大，而视角则是每个人都拥有的，它是所有见解的意义。"因而他认为"视角"这个词远比"看法"这个词更适合用来审视公司。对于领导者来说，视角具有不可替代的重要性。如果领导者总是以不同的方式和角度看问题，那么就可以看到与别人不同的机会，也就可以使用一种特殊的方式处理问题，从而为企业的发展创造更多机会。

黄仁勋谈到，创办之初的 NVIDIA 公司拥有与其他公司不同的视角。那时候电脑是 Windows 3.1 系统，世界上还没有网络和无线网科技产品，当时最快的微电脑处理器已经被淘汰，个人电脑也失去了应有的作用。但是黄仁勋以不同的视角看出，设备依然独特，它可以运行全新的程序来改变行业现状。如果公司能够使它运行 3D 程序，那么就可以探索新的未知世界，畅游于新的游戏。于是，他与合伙人坚定了创办公司的初衷和商业计划，那就是对原来的科技进行改造，使它的价格不再那么昂贵。后来，他创新了一个发展目标，就是开发电子游戏。这遭到了众人的反对，身边的人告诉他电子游戏没有市场，人们不会成立公司来专门玩游戏，就连母亲也对他的计划表示费解。可是黄仁勋和其他几位公司领导者坚信游戏的市场十分广阔。作为一个游戏爱好者，他认真分析了市场前景，并预测它将成为一个巨大的市场和行业，现实的成功验证了他当时视角的正确。

如何才能以正确的视角引领企业发展？那就是企业的领导者应该打破思维的禁锢，敢于质疑常规的路线，迎接新的挑战，并不断地进行创新型思考，用变化的观点不断地观察身边发生的事情。丰田公司的人力资源总监曾经说过："我们现在的成功正是改变的最好原因。"

很多领导者都面临着如何为公司选取视角来发展经济、实现产品方面突破的问题。很多企业只注重从创新管理方面的能力进行改造，这令他们举步维艰。企业领导者只有从战略视角看待创新，才能带给公司新的方向和希望。如果领导者们仅仅凭借着对客户的了解，注重以客户的角度来研究他们的需求和喜好，并根据这些需求来调整创新任务，是不足以掌握市场的主动权的。因为在所有新产品和新服务中，很多公司缺乏固定的流程来确定项目的实施顺序，最终很有可能丧失企业在市场中的主动地位。

斯坦福大学公开课所涉及的企业愿景与视角的选择、实施操作过程，更看重的是领导者从自身创新战略眼光的培养来提升对于公司的愿景规划。领导者应该综合考虑企业产品的内涵、功能和竞争力来扩展企业发展视角，并且强化有效的执行力的应用，通过有效的管理技术来解决新技术所暗藏的风险性问题。

此外，领导者还应重视建立企业文化，通过管理、变革等新举措来刺激企业的创新热情，并且建立一支团结一致的创造性队伍，优化企业经营中的人际关系和领导者的销售方式、方法，及时进行自我工作效能检测。只有多重举措同步实施，企业才能最终制定可靠的发展战略，在愿景与视角的正确选择、施展中，实现企业的产业效益与文化效益的双重盈利。

Leadership

　　企业的经营发展过程不可能一帆风顺，总是会不可避免地遇到一些波折和挑战。这些挑战可能是一种全新的产品，一条全新的行业规则，一次行业内或者企业内部的全新变革。而革新即意味着要打破现有的局面，实现一种更高层次的晋升。

　　在斯坦福大学的公开课中，NVIDIA 公司总裁黄仁勋将"重塑公司"认定为企业面临的众多挑战当中的最大挑战。他解释道，无论什么事情，在某个时期被摧毁都是很难令人接受的事情。有时候创造的过程就是破坏、毁灭的过程，它足以将你之前建立的王国都摧毁。但是，企业为了谋求进一步的发展，使技术水平更进一步提升，就不得不这么做。因此，重建公司需要领导者具有超凡的综合素养，而这一过程能够有力地测探出领导者的能力。

　　西门子公司100多年来的成功就是因为它抵抗住了一次次重建的挑战，建立了世界一流水平的研究和发展组织，还组织了专门的研究和发展实验中心。之前，由于大量的国内外资金亏损，西门子的经营环境发生了根本性变化，以往所坚持的管理办法不再适用，西门子公司做出了果断的决定，即建立适应新情况的对策，来拯救西门子公司。西门子公司经过几年的艰苦努力，逐步获得了被外国没收的资产，还在专利权、公司名称和各子公司的商标方面取得了成功。经过数十年的努力，西门子公司成功地增强了其在欧洲和海外市场的实力，与此同时，西门子的出口销量也硕果累累。后来，西门子始终坚持创业初衷，不断拼搏、革新，最终跻身于世界电子工程公司的前列，这正是西门子技术改进和领导者对于未来方向成功把握的证明。

对于企业领导者来说，每十年进行一次公司重塑十分必要。黄仁勋十分喜欢这样的挑战，因为它充满了全新的气息。对于他来说，不断重建的挑战是对 NVIDIA 综合能力的一次次考核和检验，具有长远的意义。作为一家国际知名企业，NVIDIA 每一阶段的发展都具有挑战性，这种发展需要黄仁勋侧重于对全球化市场的关注和预测。因此，他认为应对重建的挑战需要领导者更深入了解全球市场的不同特点，了解公司内部存在的不同文化，必须让公司不同背景的员工了解你的愿景是什么，同时也要了解公司成功的秘诀是什么。

企业为了迎接挑战，应该不断地实施新的管理体系，创造出新的领导层面，实施新的商业流程，只有这样才能使公司以充足的活力不断发展。对于一家企业来说，要想获得新的价值，就要不断地获取新的客户。而最终如何实现公司的重建，通常是由企业领导者来思考的。作为企业的领军人物，领导者应该技巧性地领导团队建设，来应对所遇到的一次次挑战。领导者要善于从一般性问题中发现影响企业深层次发展的问题，有针对性地选择适当的方法解决问题。

正如斯坦福大学公开课中所探讨的那样，领导者的使命和责任是多重的，在重建的现实挑战中，领导者的素养也应该从多方面来提升。

首先，能够带领企业冲破艰难险阻的领导者应该具有独立的思维。面对重建中的重大决策，应避免因为意见不一致而不能统一。领导者应该根据实际情况具体分析，通过独立的思考来权衡利弊，而不是偏听偏信，优柔寡断。独立的见解和独立的工作能力是企业重建工作顺利开展的保证。

其次，领导者还要具备时刻把握事物发展变化的能力，及时提出解决问题的新方法，不能墨守成规，一成不变。重建是一项浩大的工程，领导者如果以片面的角度看问题，往往会给工作带来极大的危害。作为现代企业的领导者，不仅要辩证地分析问题，还应该具有全面的思维能力，这样才能保证企业的长远发展。领导者应该将准备工作布置妥当，有预见性地分析未来工作中可能出现的问题，从而及时地预防问题的发生。

TCL 公司是中国最早的一批中外合资企业之一，早期缺乏技术、资金的 TCL 通过合资的方式重建了公司，这样的结盟方式为 TCL 的发展铺平了道路。1985 年，公司领导者发挥准确的判断力和预测能力，明智地引入邮电部门参股。作为一个电话生产企业，TCL 通过引入邮电部门这样的战略合作伙伴参股，不仅在企业的产品销售、知名度的提高上发挥了作用，还为企业的多元化文化奠定了基础。另外，TCL 在重建的挑战中，创新性地引入了 "OEM" 模式，这是一种在当时并不为国人理解和认可的经营模式。这种模式充分地利用了有效的社会资源，有效地聚焦了企业在品牌建设和销售网络方面的能力，建立和发挥了自己的核心优势，降低了自身的运营风险，迅速地进入了市场并抢占了发展先机。在 20 世纪末期的踩点价格战中，TCL 兼并了香港陆氏的彩电项目，开创了国际企业兼并港资企业并使用国企品牌的先例。旧的发展思维的打破以及领导者迎面接受重建挑战的勇气而造就出的创新战略为 TCL 开创了跨时代的发展。

黄仁勋在斯坦福大学的公开课中谈到，对于 NVIDIA 公司来说，微软、英特尔或者其他的世界级科技公司具有十分精巧的战略构思，要和他们相抗击是十分困难的。领导者唯有花费足够的时间和精力，来面对市场战略的创新。

创业的道路十分艰辛，领导者只有不断地挑战自我，实现突破，在重建的实践中提升多方面能力，才能在未来更加有效地应对未知的风险，更好地控制局面，令企业获得更大空间的进步和飞跃。

Leadership

第四节 培养下一代领导者

当世界经济极度不稳定，国内经济出现放缓的迹象，企业面临投资、出口、内需的难题时，当机会和资源面临消耗殆尽的危机时，企业还能靠什么竞争？还有什么资源可以维持企业的生存发展呢？这种资源就是人的智慧、经验以及创造力。

NVIDIA 公司总裁黄仁勋在斯坦福大学公开课中讲道，CEO 的重要任务就是将公司扩大，并对社会做出贡献。企业若想成为"百年老店"，就必须后继有人。因此，为了达成这样的目标，公司领导人必须培养新的领导者。

新的领导人能够为企业带来新的思想，创造新的商机，甚至可以开发出新的产品。因此，黄仁勋在平日的工作中都会花费大量的时间和精力与其他的领导们共同探讨，帮助他们思考一些策略和应对挑战的机制，更重要的是，帮助他们研究生产布局、交易、团队组织和创新能力，来帮助企业更好地经受住时间的考验。一名卓越的领导人，应该能够为公司确定良好的发展方向，领导和激励员工，在资源的投入中获得最大限度的回报。

一个企业建立的领导人培养机制，在一定程度上反映出企业的发展阶段、战略规划，并体现出企业的文化和整体价值观，对于企业的发展具有长远的意义。在长期的业务发展和规模扩张之中，许多领先企业的高层领导都对培养下一代领导人投入了大量的时间和精力，形成了较为完善的领导人培养机制。

百事可乐经营多年，一直奉行"百事的一切取决于人"的人才管理思想，以"人"的利益为一切思考决策的基本出发点和行动准则。注重培养新一代领导人也成为百事可乐在人才的使用和管理上的一大特点。百事可乐一直致力于对管理者进行培训，以加强公司管理层的培养。美国《财富》杂志在一项调查中，把百事可乐列为最优秀的"公司学院"之一，认为百事可乐的人才培养计划是美国把有潜力的年轻人培养成杰出的业务经理的第一流和最全面的人才培训计划。百事可乐对管理人员的培训有着相当严格的要求，为了提高新一代领导人的业务水平和综合素质，百事可乐让培训人员在不同的国家，主持不同的业务，每个职务的任职时间是2~3年。由此，百事可乐企业内部形成了一种职务频繁调动的氛围，让年轻有为、潜力巨大的经理人员不断地接受具有挑战性的工作，从而达到在工作中培训的目的，为新一代领导人的挑选奠定基础。百事可乐坚信，他们在世界各地培训的领导人，明天将会在世界各地培养百事可乐的下一代领导人。而下一代领导人也会懂得继续培养新一代领导人的重要性。当培养业务领导人成为企业文化的一部分时，它自然而然地会成为一个自我延续的自觉性过程。

其实，培养下一代领导人的能力也是领袖能力的一种表现，这是领导人和普通企业家之间的重要区别。联想控股主席柳传志为了实现企业家向商业领袖的转变，培养了两位接班人——杨元庆和郭为。为了培养他们成为独立的企业领导人，柳传志不惜分拆联想，展示了优秀领导人的决断能力和过人的胆略。郭为在刚刚进入联想之初，12年的锻炼时间内，每年都会换一个新的工作岗位。柳传志认为这样的人才发展模式才能培养其全面的工作能力。2000 年联想拆分的时候，郭为被任命为神州数码的 CEO。柳传志看重的是潜力领导人在实践中敢于承担风险的勇气和全面的自我认知能力。而在联想并购 IBM PC 之后，面对东西方文化的巨大差异，柳传志告诉杨元庆应该懂得妥协，要不断反省自身，2001 年，联想面临经营危机，柳传志将联想集团交给了杨元庆打理。他认为，在充满挑战的环境中鼓励新一代领导人效果会更为出色。之后，柳传志则倾注了全部精力打造联想控股，逐渐向投资家转型。2009 年全球遭遇经济危机，柳传志复出任董事长，帮助杨元庆领导的联想平稳渡过了难关，这是对杨元庆的有力支持。柳传志对新领导人培养方式的探索，彰显了他对领导人成长的使命感和责任感，表现了他卓越的领袖能力。

如今的企业更重视从企业内部成长起来的人才，对于企业领导人来说最重要的就是培养和留住人才。正如百事可乐、联想、强生、IBM 等企业的执行官那样，他们都将培养人才的战略确立为企业发展的重要策略之一。不管他们的方式或者方法有何差异，都是对企业成功经营经验的传递。

在斯坦福这次公开课中，领导者培养新生力量的理论重点也被着重指出。领导者在设计和管理下一代领导力的发展计划上可以从意识、预期、行动、评估等方面着手。

一、构建外部挑战的意识，形成战略性思考。超群的组织领导力发展需要重视外部挑战和战略意识，同时应该注重将内外部的发展需求和领导力发展相结合。领导者应该在了解组织需求和市场竞争现状的前提下，引导公司逐步开展对新的领导力量的培养来满足企业的发展需求。

二、运用预期的学习中介，发展和实施潜在的客观管理实践。传统的商业实践普遍关注的是过去及目前最佳实践的突出问题，但新一代领导力的培养需要企业领导者更多关注未来，能够运用预期式的学习中介，在实践中应对企业潜在的挑战，并对未来可能出现的情景加以分析。

三、开发具有针对性的领导力发展课程并组织实施，以此解决企业发展中面临的具有挑战性的运营实际问题。领导力开发的课程需要与实时商业问题的技能培训相结合，从而使组织者与学习者达到双赢，共同获利。

四、注重评估领导力培养过程的影响，采取绩效评估、反馈、继任计划等举措，矫正领导力的发展，优化课程的投入回报比率。在壳牌的"超越"课程中讲到，一个课程是否成功，就要看在团队项目中是否取得了至少高于成本定数值的价值回报。在选择课程时，企业领导者应该以课程能够提供的价值多少作为评判标准，而并非费用。

五、应该及时评估培养领导力的过程对个人行为改变及组织优化的影响、作用。领导力的发展培养应该与企业职能之间保持一致，这样才能实现运营绩效与领导力的培养同步。

NVIDIA 公司总裁黄仁勋在斯坦福大学的公开课讲授中也揭示了企业在培养新一代领导人时应该注意的问题。他认为，只挑选董事会考虑的新人来作为接班人对于企业来说是一种恶性选择，不利于企业在竞争环境中获得长久的生存能力。相反，企业领导者应该更多地关注如何从实践中培养下一代的领导人，这样才能为企业的发展做好较为全面的准备，实现基业长青。

Leadership

发生在斯坦福大
学公开课上的世
界商界领袖演讲

Leadership

Leadership

第一节　马云——我们在改变中国

演讲名称： 我们在改变中国

演讲地点： 斯坦福大学商学院

演讲时间： 2012 年 10 月 2 日

演讲人： 马云

马云，目前中国最知名的企业家，也是一位优秀的领导者。他亲手创建了阿里巴巴与淘宝网，他甚至改变了整个中国的购物环境。然而，就是这样一位优秀的领导者，他在平时的生活中却十分谦逊。他对一切保持好奇与尊敬，在斯坦福大学的演讲中，他知无不言，慷慨地分享了自己的领导经验。

大家好。我今天感到非常荣幸能来到这里和大家见面。几个月前，斯坦福邀请我来演讲，我没有意料到。很多人说因为有很多关于雅虎、阿里巴巴和其他的新闻，这个时间点来这里演讲非常敏感。但是既然我做了一个承诺，我就还是来了。今天如果你有任何问题要问我，我都会一一回答。

今天是我来美国的第 15 天，而且我打算在这里待上一年。这个计划没有人知道，甚至我的公司也不知道。大家问我为什么要来这里，要打算做收购雅虎的准备吗？不，大家都太敏感了。我来这里是因为我累了，过去16年来太累了。我在1994年开创我的事业，发现了互联网，并为之疯狂，然后放弃了我的教师工作。那时候我觉得自己就像是蒙了眼睛骑在盲虎背上似的，一路摔摔打打，但依然奋斗着、生存着。我在政府机关工作了16个月之后，1999年建立了阿里巴巴。

我们还幸运地拥有着淘宝网、支付宝、阿里云和集团下其他的公司。所以，建立阿里巴巴12年后的今天，我决定休息一段时间。尤其今年的挑战实在是太艰辛了，这也是我没有意料到的。中国人说每12年是一个本命年，阿里巴巴今年在中国刚好是第12年，也遇上了许多棘手的问题，好比今年初因为供应商欺诈事件导致首席执行官辞职，还有VIE的问题，虽然我到现在仍然不知道什么是VIE，还有把淘宝分成四个公司的决策。所以，忙完所有这些事情之后我累了。我问自己，为什么不花一年时间好好休息？尤其明年是我个人的本命年，肯定会比今年更辛苦。我想要花多一点时间好好准备，迎接明年更艰苦、更困难的挑战。我需要好好休息才能为3到4年后的挑战做好准备。这3年如果事情出了错，大家可以批评淘宝、阿里巴巴或阿里云的首席执行官。但是3年后，如果事情出了错，那就是我的错。所以我准备在美国花一段时间好好思考和放松。前两天，我开始再次练习打高尔夫球，好好放松。所以，来美国的目的真的不像大家揣测的这么复杂。

我们是一家非常幸运的公司。我没有任何的背景，没有富裕的父亲，也没有很有权势的叔伯们，根本不用想能够有成功的机会。我记得1999年来到硅谷寻找资金，跟很多风投、资本家接洽，也去了Menlo Park一带开会。但是没有人有兴趣投资阿里巴巴，我被一一回拒。回到了中国，一点儿资本都没拿到。但是，我充满了信心，我看到了美国梦。我看到硅谷的快速成长，我看到许多公司的停车场不管是白天或黑夜，周一到周日，都停满了车。我相信那种快速成长也会发生在中国。接着我创立阿里巴巴，12 年过去了，到今天取得了很多的成绩。但在那之前，没有人相信 B2B 能够在中国发展。当时 B2B 美国有名的公司包括 Ariba.com、Broadvision 和 Commerce One，这些公司主要的客户都是大公司的买家。没有人觉得中国近期内会有大公司出现，而大公司也不会有电子商务的需求，因为所有大公司都是归于政府，他们只需要配合政府的政策就可以。但我的信念是，我们必须专注于小型公司，因为未来是私营企业的天下，所以我们必须把重点放在小型企业上。

还有，美国大公司的 B2B 非常专注于买家，美国的买家们需要许多建议来帮忙节省成本开销和时间。但是我相信中小企业们不需要这方面的帮忙，他们比我们还厉害，懂得还多。我们应该专注于帮他们赚钱，把产品外销出去。当时我们也遇到很多挑战，但是 12 年过去了，今天全球有 58 万小型企业都使用阿里巴巴来做生意。我们的生意模式跟腾讯或百度相比可能并不是十分吸引人，我们也并不靠网络游戏赚钱。但是我们晚上可以睡得安稳，因为我们知道我们赚的钱并不是从网络游戏上来的，我们的收入是靠帮助小企业们成长来的，这点我感到十分骄傲。直到今天我都没有为阿里巴巴赚了多少钱而骄傲过，我为我们影响和帮助了其他人，尤其是小企业主而骄傲！

在互联网之前，没有人可以帮助超过 5000 万的中小企业。但是今天，我们正在努力这么做。人们会跟我说："马云，如果你能把阿里巴巴搞好，那相当于你将好几吨羊运到了喜马拉雅山顶上。"我说："是的，我们还会把他们运下来。"而且我们做到了。第二个公司是淘宝。大家都跟我说："天哪，你是在跟 eBay 竞争啊！"我说："为什么不？"中国需要一个电子商务网站。创建一个中国的网络交易市场需要时间跟精力。所以，那个时候人们告诉我在中国做这个没戏。我说："如果你总是不尝试，你怎么知道没戏？"所以我们就尝试了。如果 eBay 是大海里的鲨鱼，那我们就是长江里的扬子鳄。咱们不在大海里打架，我们在长江里练练。一开始很困难，但是很有乐趣，而且我们最后活下来了。一开始eBay 占据了中国 C2C 市场的 90%，但是到了今天，我们拥有中国 C2C市场 90% 的份额。我们很幸运，真的只是幸运。很多事情以后我们还可以再讨论。

今天，大家总是在写关于阿里巴巴成功的故事，但是我并不真的认为我们有多么聪明，我们犯了很多错误，当时我们还是很愚蠢的。所以我在想，如果哪天要我写关于阿里巴巴的书，我会写《阿里巴巴的一千零一个错误》。这才是大家应该记住的事情，应该学习的事情。如果你想知道其他人是怎么成功的，这是非常难的，成功有很多幸运的因素。但是如果你想学习别人是怎么失败的，你就会受益很多。我总喜欢看那些探讨人如何失败的书，因为当你仔细去分析的时候，任何失败的公司，他们失败的原因总是不尽相同。而这才是最重要的，所以淘宝成功了。接下来我们做了支付宝，大家都说："中国没有信用体系，银行很糟糕，物流很糟糕，你为什么还要做电子商务？"今天，我不是来这里跟大家说我的生意经的，我没有准备 PPT，因为我没有股票要卖给大家。但是我想正因为中国落后的物流、信用体系和银行，我们才需要有创业精神。我们需要创建自己的蓝图。所以我相信这个事情是你先做了，然后慢慢地就成了中国的标准。我记得 6 年前当我来美国的时候，我说我相信 5 年以后，中国的网民人口会超过美国。人们说，不会的。然后我说："你们的人口才 3 亿，中国有 13 亿人口不是吗？如果让你们有 4 亿人口，没有人口死亡，人们还要不停地生孩子，你们需要 50 年的时间，我们只需要 5 年时间，所以这只是一个时间的问题，不是吗？我们走着瞧。"今天，中国网络用户的人口超过了美国。人们又说："为什么你们的购买力这么低？"我们 5 年后再说。今天，人均消费大概只有 200 元人民币每月。5 年以后，这些人会消费 2000 元。而且我们很有耐心，我们还很年轻。我是老了，但是我们员工的平均年龄才 26 岁。他们还很年轻，所以让我们期待未来。

当时做支付宝的时候，大家说这是一个很傻的担保服务。张三要从李四那里买点东西，但是张三不肯把钱汇给李四，李四也不肯把货给张三。所以我们就开了一个账户，跟张三说："把钱先汇给我，如果你对货物满意，那么我付钱；如果你不满意，你退货，我退钱给你。"人们说我们的这个模式很傻，但是我们不关心这个模式是不是傻，我们关心的是客户是不是需要这样的服务，我们是不是满足了客户的需求。如果这东西很傻的话，今天中国就有超过 6 亿的注册用户在用这个傻东西。所以傻的东西，如果你每天都改善它一点，那么它就会变得非常聪明。所以今天支付宝很好，我们还在成长。支付宝跟 Paypal 很像，但是我从交易量来说，我们比 Paypal 更大。

最后，也是最重要的，是我们的阿里云计算，这个公司跟其他那些谈论云计算的公司不同。那些公司是想把他们的软件和硬件卖给你，但是我们没什么可以卖的。我们通过云技术对自己的数据进行计算，来自中小企业的数据，来自淘宝消费者的数据，以及来自支付宝的数据。我们相信未来，未来的世界将是信息处理的世界。我们将如何很好地与他人分享数据，这将是未来商业的核心。这个公司目前还不是很好，但是盈利能力很强。

一开始人家说这个公司不可能成功，但是我们活下来了，整个公司都很健康。我们很有耐心。我们总在问自己一个问题："为什么我们还要这么辛勤地工作？"有一天，我问我的同事，他告诉我："Jack，第一，我从来不知道我这辈子还能做这么多事情。第二，我从来不知道我现在做的事情对社会这么有意义。第三，我从来不知道生活是这么艰辛的。"

我们没日没夜地工作，甚至现在也是这样。我变得更瘦了，而且长相更奇怪了。我知道生活不是容易的事，我们很骄傲，我们在改变中国，而不是挣了很多钱。

10年前，当我走在街上，有人跑过来感谢我，因为阿里巴巴帮他们得到了国外的订单、国外的生意。今天，当我走在街上，有人过来感谢我，说他和妻子在淘宝上开了个小店，以此为生，并且收入不错。这对我来说，意义重大。我们将诚信变得有价值（你的诚信是可以变成钱的）。许多年前，如果你有很好的信誉记录、交易记录，你可能还并不富有。今天，如果你在淘宝上有很好的信誉记录、交易记录，你将会非常富有，因为人们都愿意跟信誉好的店家做生意。我们教育消费者要聪明。有人来跟我说："马云，我在淘宝上买了个东西，非常非常便宜，你说这是假货吗？"是的，我们淘宝上有假货，假货在现实生活中无处不在。但是我们用了非常多的努力、大量的人力物力来对付这个问题，在淘宝，有50%的工作人员每天的工作是筛查侵权、伪冒商品。但是如果有一瓶红酒，在线下的商场里买要300美元，而在淘宝上只要9美元，为什么会这样？因为渠道、广告费用。为什么消费者要为这么多其他费用买单？我们帮消费者省了，所以我们跟消费者说，如果你在淘宝上买一件15元钱的T恤，而它在商场里要卖150元钱，那不是因为淘宝卖得太便宜了，而是因为商场里卖得太贵了。我们应该帮助消费者变得更聪明。

第三点，也是非常重要的一点，我们看见在中国有很多的工厂，尤其是在广东，他们其实是公司，并不仅仅是加工厂。他们仅仅是做代工，这些代工的产品之后就在淘宝上卖。他们不知道谁是他们的销售渠道，也不了解最终购买他们产品的客户。这种代工厂，在有问题发生的时候（比如金融危机），会马上陷入困境。所以我们应该告诉这些生产者："你必须直接跟你的客户沟通，你应该自己去做销售，自己提供服务，这才是真正的做生意。否则，你就只是个工厂。"我们正在改变这些工厂，扭转这种局面，我感到非常自豪。这与财富无关，因为如果你有100万，你是个富有的人；但如果你有1000万，那你可能就有麻烦了，你会担心通货膨胀，于是你开始投资，接着你就可能遇到困难；如果你有10亿，那这就不是你个人的财富了，就是社会的财富了，你的股东、投资者，认为你应该比政府更能有效地使用这些钱，于是他们给你信任，那你要如何运用好这笔钱，对得起他们的信任呢？我觉得这是我们所面临的挑战。

阿里巴巴的产品，其实并不是服务，是人，是我们的员工。我们员工的平均年龄是26岁。我们正面临着许许多多的挑战，这些是我曾经没有预料到的。曾有一位政府高层来公司访问，他说："马云，如果你们淘宝有3亿用户，那就已经比我管理的国家还要大了。"我说是的，这个管理的难度非常大。不管我们制定出什么新的政策，都会让我们遇到各种压力。当用户有抱怨的时候，就好像是对制定政策的政府不满似的。就是这些平均年龄26岁的员工，在制定着淘宝的"游戏规则"，我们从未有过这样的经历。如果我们改变一下，比如说做搜索引擎，传统的搜索引擎，会让卖得好、最便宜的排在前面，但我们会让最有信用和信誉的排在最前面。之后，会有很多的人去验证。有200个人来到我们公司，跟我说，我们会为改变游戏规则而付出代价。我的回答是，如果这个改变是正确的，我们就要做下去。眼前的这个世界，也是我们改造出来的。我们不需要不能服务于人的项目。我们需要社会学家、经济学家来制定我们的政策规则。所以我们还面临着许许多多的考验。但我们仍觉得骄傲，因为我相信在21世纪，如果你想做一家成功的公司，你需要学会的是如何解决社会上存在的某个问题，而不仅仅是学会如何抓住几个机会。抓住机会是非常容易的，我不是吹牛，我觉得今天，在阿里巴巴成立12年后，赚钱非常容易，但是要稳定地赚钱，并且对社会负起责任，推动社会的发展，非常难。这也是我们正在努力做的，我相信中国因为有了互联网，在未来的 3 年内会有很大的发展。今年，人们说很多中国的股票因为 VIE 跌了很多。我相信，如果你看看其他地区的经济，比如美国目前正面临巨大考验，比如欧洲可能已经无所适从，那中国会怎么样？所有发生在美国和欧洲的情况，三四年后也会发生在中国。三四年后，中国的经济将面临巨大的挑战。如果你预感到了将会有糟糕的事情发生，那就从现在开始为之做准备，而不是到时候抱怨和哀号。作为互联网公司，我们必须承担起我们的责任。 我不是政治家，我只为自己说话，为我的客户——5000 万中小企业者和 800 万淘宝卖家说话，他们在 3 年后要如何生存下去？这也是我此次来到美国想要去学习的。跟奥巴马学习，他将如何增加就业，然后从错误中整理经验，在 3 年后，用我们的方法，帮助我们自己。这就是为什么我会来这里。我想你们一定也有很多的问题，我准备好了回答你们所有的问题。

Leadership

第二节　乔布斯——求知若饥，虚心若愚

演讲名称：求知若饥，虚心若愚

演讲地点：斯坦福大学毕业礼堂

演讲时间：2005 年 6 月 12 日

演讲人：史蒂夫·乔布斯

乔布斯，苹果教父，也是世界公认的伟大领导者，带领苹果公司创造了无数奇迹。而在斯坦福大学的演讲上，他却只给大家讲了三个故事。

今天，很荣幸来到这所世界上最好的学校之一参加毕业典礼。我从来没从大学毕业过，说实话，这是我离大学毕业最近的一刻。今天，我只说三个故事，不谈大道理，三个故事就好。

第一个故事，是关于人生中的点点滴滴如何串联在一起。

我在锐意得学院（Reed College）待了 6 个月就办休学了。到我退学前，一共休学了 18 个月。那么，我为什么休学？这得从我出生前讲起。

我的亲生母亲当时是个研究生，年轻的未婚妈妈，她决定让别人收养我。她强烈地觉得，应该让已经毕业的人收养我，所以我出生时，她就准备让一对律师夫妇收养我。但是这对夫妻到最后一刻反悔了，他们想收养

女孩。所以我必须等待收养名单上的另一对夫妻，也就是我后来的养父母。有一天半夜，他们接到一个电话："有一名意外出生的男孩，你们要认养他吗？"他们回答"当然要"。但是我的生母发现，我的养母从来没有读过大学，我的养父则连高中毕业文凭也没有，所以她拒绝在送养文件上做最后签字。直到几个月后，我的养父母保证将来一定会让我上大学，我生母的态度才软化。

17 年后，我上大学了。但是当时我无知地选了一所学费昂贵的大学，我那工人阶级的父母将所有积蓄都花在我的学费上。6 个月后，我看不出念这个学院的价值何在。那时候，我不知道这辈子要干什么，也不知道念大学能对我有什么帮助，只知道我为了念这个书，花光了我父母这辈子所有积蓄。所以，我决定休学，我相信船到桥头自然直。

当时这个决定看来相当可怕，可是现在看来，那是我这辈子做过的最棒的决定之一。

我休学之后，我再也不用上我没兴趣的必修课了，我把时间拿去听那些我有兴趣的课。这一点儿也不浪漫。我没有宿舍，所以我睡在友人家里的地板上，靠着回收空可乐罐的 5 分钱退费买吃的。每个星期天晚上，我得走 7 英里路，绕过大半个镇去印度教的 Hare Krishna 神庙吃顿好料，我喜欢 Hare Krishna 神庙的好吃的。

我追随着我的好奇心和直觉，我的大部分投入，后来都成了无价之宝（And much of what I stumbled into by following my curiosity and intuition turned out to be priceless later on）。举个例子，当时锐意得学院有着大概是全国最好的书写教育，校园里的每一张海报上，每一个抽屉标签上，都是美丽的手写字。因为我休学了，可以不照正常选课程序来，所以我跑去上书写课。我学了 serif 与 sanserif 体，学到在不同字母组合间变更字间距，学到活字印刷伟大的地方。书写的美好、历史感、艺术感是科学所不具备的，我觉得这很迷人。

我没预期过学这些东西能在我的生活中起一些什么实际作用，不过 10 年后，当我在设计第一台麦金塔电脑时，我想起了过去所学的东西，把这些东西都设计进了麦金塔，这是第一台能印刷出漂亮东西的电脑。如果我没能沉溺于这样一门课，麦金塔可能就不会有多重字体和等比例间距字体。Windows 抄袭了麦金塔的使用方式。因此，如果当年我没有休学，没有去上这门书写课，大概所有的个人电脑都不会有这些东西，印不出现在我们看到的漂亮的字。

当然，当我还在大学的时候，不可能把这些点点滴滴预先串联在一起，但 10 年后的今天回首，一切显得非常清楚。我再说一次，你不可能把点点滴滴事先串联起来，只有回首往事，你才能把它们串联在一起（You can't connect the dots looking forward; you can only connect them looking backwards）。所以你得相信，眼前你经历的种种，将来多少会连接在一起。你得信任某个东西，直觉也好，命运也好，生命也好。这种做法从来没让我失望，我的人生因此变得完全不同。

我的第二个故事，有关爱和失去。

我很幸运年轻时就发现了自己爱做什么事。我 20 岁时，跟 Steve Wozniak 在我爸妈的车库里开始了苹果电脑的事业。我们拼命工作，苹果电脑在 10 年间从一间车库里的两个小伙子扩展成了一家员工超过 4000 人、市场价 20 亿美金的公司。在那事件前一年推出了我们最棒的作品——麦金塔（Macintosh）电脑，那时我才刚 30 岁。然后，我被解雇了。

我怎么会被自己创办的公司给解雇了？

嗯，当苹果电脑成长后，我请了一个我以为在经营公司上很有才干的家伙来，他在头几年也确实干得不错。可是我们对未来的愿景不同，最后只好分道扬镳，董事会站在他那边，就这样，在我 30 岁的时候，公司把我解雇了。我失去了整个生活的重心，我的人生就这样被摧毁。

有几个月，我不知道要做些什么。我觉得我令企业界的前辈们失望，我把他们交给我的接力棒弄丢了。

我见了创办 HP 的 David Packard 跟创办 Intel 的 Bob Noyce，跟他们说很抱歉我把事情给搞砸了。我成了公众眼中失败的示范，我甚至想要离开硅谷。

但是渐渐地，我发现，我还是喜爱那些我做过的事情，在苹果电脑中经历的那些事丝毫没有改变我爱做的事。虽然我被否定了，可是我还是爱做那些事情，所以我决定从头来过。

当时我没发现，但现在看来，被苹果开除，是我所经历过最好的事情。成功的沉重被从头来过的轻松取代，每件事情都不那么确定，让我自由进入这辈子最有创意的年代。

接下来 5 年，我开了一家叫作"NeXT"的公司，又开了一家叫作"Pixar（皮克斯）"的公司，也跟后来的太太 Laurene 谈起恋爱。Pixar 接着制作了世界上第一部全电脑动画电影《玩具总动员（Toy Story）》，现在是世界上最成功的动画制作公司（听众鼓掌大笑）。然后，苹果电脑买下 NeXT，我又回到了苹果，我们在 NeXT 发展的技术成了苹果电脑后来复兴的核心部分。我也有了一个美妙的家庭。我很确定，如果当年苹果电脑没开除我，就不会发生这些事情。这帖药很苦口。有时候，人生会用砖头打你的头，但不要丧失信心。

我确信，让我一路走过来的唯一动力，是我热爱我做的工作。

你得找出你的最爱，工作上是如此，人生伴侣也是如此。你的工作将占掉你人生的一大部分，而通过伟大事业的必由之路，是热爱你做的工作（And the only way to do great work is to love what you do）。如果你还没找到这些事，继续找，别停下来。尽你全心全力，你知道你一定会找到。而且，如同任何伟大的事业，情况只会随着时间推移变得愈来愈好。所以，在你找到之前，继续找，别停顿。

我的第三个故事，关于死亡。

17 岁时，我读到一则格言，好像是说"把每一天都当成生命中的最后一天，你就会轻松自在（ If you live each day as if it was your last, someday you'll most certainly be right）"。这对我影响深远，在过去的 33 年里，我每天早上都会照镜子自问："如果今天是此生最后一日，我要做些什么？"每当我连续太多天都得到一个"没事做"的答案时，我就知道我必须有所改变了。

此生当我面临重大抉择时，提醒自己"马上就要死了"，是我用过的最重要的方法。因为，几乎所有事情——所有外界期望、所有荣誉、所有对困窘或失败的恐惧——这些事情在面对死亡的时候全都消失了，只有真正的最重要的东西才会留下。

提醒自己快死了，是我所知道的避免掉入丧失和畏惧陷阱的最好方法。人生不带来，死不带去，没理由不顺心而为。

一年前，我被诊断出癌症。我在早上 7 点半做断层扫描，胰脏处清楚出现一个肿瘤，我连胰脏是什么都不知道。医生告诉我，那几乎可以确定是一种不治之症，预计我大概活不到 3 到 6 个月。医生建议我回家，好好跟亲人们聚一聚，这是医生对临终病人的标准建议。那代表你得试着在几个月内把你将来 10 年想跟小孩讲的话讲完。那代表你得把每件事情搞定，家人才会尽量轻松。那代表你得跟人说再见了。

我整天想着那个诊断结果，那天晚上做了一次切片，从喉咙伸入一个内视镜，穿过胃进到肠子，将探针伸进胰脏，取了一些肿瘤细胞出来。我打了镇静剂，不省人事，但是我老婆在场。她后来跟我说，当医生们用显微镜看过那些细胞后，他们都哭了，因为那是非常少见的一种胰脏癌，可以用手术治好。所以我接受了手术，康复了。

这是我最接近死亡的时候，我希望那会继续是未来几十年内最接近的一次。经历此事后，我可以比先前只是假想死亡时更肯定地告诉你们，没有人想死，即使那些想上天堂的人，也想活着上天堂。

但是死亡是我们共同的终点，没有人逃得过。这是注定的，因为死亡很可能就是生命中最棒的发明，是生命交替的媒介，送走老人们，给新生代让出道路。

现在你们是新生代，但是不久的将来，你们也会逐渐变老，被送出人生的舞台。抱歉讲得这么戏剧化，但是这是真的。

你们的时间有限，所以不要浪费时间活在别人的生活里。不要被教条所局限，盲从教条就是活在别人思考的结果里。不要让别人的意见淹没了你内在的心声。最重要的是，要有勇气追逐你们自己的内心世界和直觉，它们多少已经知道你们真正想要成为什么样的人（Have the courage to follow your heart and intuition. They somehow already know what you truly want to become），其他任何事情都是次要的！

在我年轻时，有本神奇的杂志，叫作《Whole Earth Catalog》，当年这是我们的经典读物。那是位住在离这不远的 Menlo Park 的 Stewart Brand 发行的，他把杂志办得很有诗意。那是 20 世纪 60 年代末，个人电脑和桌上出版还没出现，所有内容都是打字机、剪刀、拍立得相机做出来的。杂志内容有点像印在纸上的平面 Google，在 Google 出现之前 35 年就有了。这本杂志很理想主义，充满新奇工具与伟大见解。Stewart 跟他的团队出版了好几期的《Whole Earth Catalog》，然后很自然地，最后出了停刊号。当时是 70 年代中期，我正是你们现在这个年龄。在停刊号的封底，有张清晨乡间小路的照片，那种你四处搭便车冒险旅行时会经过的乡间小路。在照片下印了行小字：

Stay Hungry, Stay Foolish.（求知若饥，虚心若愚。）

那是他们亲笔写下的告别讯息，我总是以此自许。当你们毕业，展开新生活，我也以此祝福你们——Stay Hungry, Stay Foolish！

吸收知识就像是饥饿时想吃东西一样，形容对知识很渴望；向他人请教时要像什么都不懂，形容非常谦虚好学。

Leadership

第三节　William Deresiewicz：不要在不断的优秀里走向平庸

演讲名称：不要在不断的优秀里走向平庸

演讲地点：斯坦福大学商学院

演讲人：William Deresiewicz

William Deresiewicz 是美国著名的作家、文学评论家，他曾出版过多本巨作，对领导力也颇有研究，在斯坦福大学的演讲上，他向在座的学生提出了一个问题。

我提出的问题，当然，是一个传统地面向人文科学的专业所提出的问题：学习文学、艺术或哲学能有什么实效价值（practical value）？你肯定纳闷，我为什么在以科技堡垒而闻名的斯坦福提出这个问题呢？大学学位给人带来众多机会，这还有什么需要质疑的吗？

但那不是我提出的问题。这里的"做（do）"并不是指工作（job），"那（that）"并不是指你的专业（major）。我们做的不仅仅是我们的工作，教育的全部也不仅仅是一门主修专业（We are more than our jobs, and education is more than a major）。教育也不仅仅是上大学，甚至也不仅是从幼儿园到研究生院的正规学校教育。我说的"你要做什么"的意思是你要过什么样的生活（What kind of life are you going to lead）？我所说的"那"指的是你得到的正规或非正规的任何训练，那些把你送到这里来的东西，你在学校的剩余时间里将要做的任何事。

我们不妨先来讨论你是如何考入斯坦福的吧。

你能进入这所大学说明你在某些技能（skills）上非常出色。你的父母在你很小的时候就鼓励你追求卓越（excel）。他们送你到好学校，老师的鼓励和同伴的榜样激励你更努力地学习。除了在所有课程上都出类拔萃之外，你还注重修养的提高，充满热情地培养了一些特殊兴趣。你用几个暑假在本地大学里预习大学课程，或参加专门技能的夏令营或训练营。你学习刻苦，精力集中，全力以赴。所以，你在数学、钢琴、曲棍球等众多方面都很出色。

掌握这些技能当然没有错，全力以赴成为最优秀的人也没有错。错误之处在于这个体系遗漏的地方：任何别的东西（everything else）。我并不是说因为选择钻研数学，你在充分发展话语表达能力的潜力方面就失败了；也不是说除了集中精力学习地质学之外，你还应该研究政治学；也不是说你在学习钢琴时还应该学吹笛子。毕竟，专业化（specialization）的本质就是要专业性。可是，专业化的问题在于它把你的注意力限制在一个点上，你所已知的和你想探知的东西都限界于此（It narrows your attention to the point where all you know about and all you want to know about）。真的，你能知道的一切就只是你的专业了。

专业化的问题是它让你成为专家（specialist），切断你与世界上其他任何东西的联系，不仅如此，还切断你与自身其他潜能的联系（It cuts you off, not only from everything else in the world, but also from everything else in yourself）。当然，作为大一新生，你的专业才刚刚开始。在你走向所渴望的成功之路的过程中，进入斯坦福是你踏上的众多阶梯中的一个。再读三年大学、三五年法学院或医学院博士，然后再做若干年住院实习生或博士后或助理教授。总而言之，进入越来越狭窄的专业化轨道。你可能从政治学专业的学生变成了律师或者公司代理人，再变成专门研究消费品领域的税收问题的公司代理人。你从生物化学专业的学生变成了博士，再变成心脏病学家，再变成专门做心脏瓣膜移植的心脏病医生。

再次，做这些事没有任何错。只不过，在你越来越深入地进入这个轨道后，再记得你最初的样子（remember who you once were）就益发困难了。你开始怀念那个曾经弹钢琴和打曲棍球的人，思考那个曾经和朋友热烈讨论人生和政治以及课堂内容的人在做什么。那个活泼能干的 19 岁年轻人已经变成了只想一件事的 40 岁中年人（The 19-year-old who could do so many things, and was interested in so many things, has become a 40-year-old who thinks about only one thing）。难怪年长的人这么乏味无趣（That's why older people are so boring）。"唉，我爸爸曾经是非常聪明的人，但他现在除了谈论钱和肝脏外再无其他（Hey, my dad's a smart guy, but all he talks about is money and livers）。"

还有另外一个问题。

或许你从来没有想过当心脏病医生，只是碰巧发生了而已。随大流最容易，这就是体制的力量（It's easy, the way the system works, to simply go with the flow）。我不是说这个工作容易，而是说做出这种选择很容易。或者，这些根本就不是自己做出的选择。你来到斯坦福这样的名牌大学是因为聪明的孩子都这样（Because that's what smart kids do）；你考入医学院是因为它的地位高，人人都羡慕；你选择心脏病学是因为当心脏病医生的待遇很好。你做那些事能给你带来好处，让你的父母感到骄傲，令你的老师感到高兴，也让朋友们羡慕。从你上高中开始，甚至初中开始，你的唯一目标就是进入最好的大学，所以现在你会很自然地从"进入下个阶段"的角度看待人生（You naturally think about your life in terms of "getting into" whatever's next）。"进入"就是能力的证明，"进入"就是胜利。先进入斯坦福，然后是约翰霍普金斯医学院，再进入旧金山大学做实习教授等。或者进入密歇根法学院，或高盛集团（GoldmanSachs）或麦肯锡公司（McKinsey）或别的什么地方。你迈出了这一步，下一步似乎就必然在等着你。

也许你确实想当心脏病学家。10岁时就梦想成为医生，即使你根本不知道医生意味着什么。你在上学期间全身心都在朝着这个目标前进。你拒绝了上大学预修历史课（AP history）时的美妙体验的诱惑，也无视你在医学院第四年的儿科学轮流值班时照看孩子的可怕感受。

但不管是什么，要么因为你随大流，要么因为你早就选定了道路，20年后某天醒来，你或许会纳闷到底发生了什么：你怎么变成现在这个样子，这一切意味着什么。不是它是什么，不在于它是否是"大画面"（big picture），而是它对你意味着什么。 你为什么做它，到底为了什么。这听起来像老生常谈，但这个被称为中年危机（midlife crisis）的"有一天醒来（waking up one day）"一直就发生在每个人身上。

不过，还有另外一种情况，或许中年危机并不会发生在你身上。

让我通过告诉你们一个同伴的故事来解释我的意思吧。几年前，我在哈佛参加了一次小组讨论会，谈到这些问题。后来参加这次讨论的一个学生和我联系，这个哈佛学生正在写有关哈佛的毕业论文，讨论哈佛是如何给学生灌输她所说的"自我效能（self-efficacy）"，一种相信自己能做一切的意识。自我效能更熟悉的说法即"自我尊重（self-esteem）"。她说在考试中得了优秀的有些学生会说"我得优秀是因为试题很简单"。但另外一些学生，那种具有自我效能感或自我尊重的学生，考试得了优秀会说"我得优秀是因为我聪明"。

再次，认为得了优秀是因为自己聪明的想法并没有任何错，不过，哈佛学生没有认识到的是他们没有第三种选择（a third alternative）。当我指出这一点时，她十分震惊。我指出，真正的自尊意味着最初根本就不在乎成绩是否优秀。真正的自尊意味着对此问题的足够认识：尽管你在成长过程中的一切都在教导你要相信自己，但你所达到的成绩，还有那些奖励、成绩、奖品、录取通知书等所有这一切，都不能来定义你是谁（defines who you are）。

这个年轻的女孩子说哈佛学生把他们的自我效能带到了世界上，如她所说的"创新（innovative）"。但当我问她"创新"意味着什么时，她能够想到的唯一例子不过是"世界大公司五百强的首席执行官（being CEO of a Fortune 500）。"我告诉她这不是创新，这只是成功（That's just successful），而且是根据非常狭隘的成功定义而认定的成功而已。真正的创新意味着运用你的想象力，发挥你的潜力，创造新的可能性（True innovation means using your imagination, exercising the capacity to envision new possibilities）。

但这里我并不是在谈论技术创新，不是发明新机器或者制造一种新药，我谈论的是另外一种创新，是创造你自己的生活（inventing your own life），不是走现成的道路而是创造一条属于自己的道路（Not following a path, but making your own path）。我谈论的想象力是道德想象力（moral imagination）。"道德"在这里无关对错，而是与选择有关。道德想象力意味着创造自己新生的能力（envision new ways to live your life）。

它意味着不随波逐流（going with the flow），不是下一步要"进入"什么名牌大学或研究生院，而是要弄清楚自己到底想要什么，而不是父母、同伴、学校或社会想要什么，即确认你自己的价值观（own values），思考迈向自己所定义的成功的道路，而不仅仅是接受别人给你的生活（simply accepting the life that you've been handed），不仅仅是接受别人给你的选择。当你走进星巴克咖啡馆，服务员可能让你在牛奶咖啡（latte）、加糖咖啡（macchiato）、特制咖啡（espresso）等几样东西之间做出选择。但你可以做出另外的选择，你可以转身走出去。当你进入大学，人家给你众多选择，或法律或医学或投资银行和咨询以及其他，但你同样也可以做其他事，做从前根本没有人想过的事（something that no one has thought of before）。

让我再举一个反面的例子。

几年前我写过一篇涉及同类问题的文章。我说，那些在耶鲁和斯坦福这类名校的孩子往往比较谨慎，去追求一些稳妥的奖励。我得到的最常见的批评是：教育项目"为美国而教（Teach for America）"如何？从名校出来的很多学生毕业后参与这个教育项目，因此我的观点是错误的。我一再听到 TFA 这个术语。"为美国而教"当然是好东西，但引用这个项目来反驳我的观点恰恰是不得要领，实际上正好证明了我想说的东西。"为美国而教"的问题或者"为美国而教"已经成为体系一部分的问题，它已经成为另外一个需要"进入"的门槛。

从其内容来看，"为美国而教"完全不同于高盛或麦肯锡公司或哈佛医学院或伯克利法学院，但从它在精英期待的体系中的地位来说，完全是一样的。它享有盛名，很难进入，是值得你和父母夸耀的东西，如果写在简历上会很好看（It looks good on your resume），最重要的是，它代表了清晰标记的道路（a clearly marked path）。你根本不用自己创造，什么都不用做，只需申请然后按要求做就行了，就像上大学或法学院或麦肯锡公司或别的什么。它是社会参与方面的斯坦福或哈佛，是另一个栅栏，另一枚奖章。该项目需要能力和勤奋，但不需要一丁点儿的道德想象力。

道德想象力是困难的，这种困难与你已经习惯的困难完全不同。不仅如此，光有道德想象力还不够。如果你要创造自己的生活，如果你想成为真正的独立思想者（truly autonomous），你还需要勇气：道德勇气（moral courage）。不管别人说什么，有按自己的价值观行动的勇气，不会因为别人不喜欢而试图改变自己的想法。具有道德勇气的个人往往让周围的人感到不舒服，他们和其他人对世界的看法格格不入，更糟糕的是，让别人对自己已经做出的选择感到不安全或无法做出选择。只要别人也不享受自由，人们就不在乎自己被关进监狱。可一旦有人越狱，其他人都会跟着跑出去。

在《青年艺术家的肖像》（A Portrait of the Artist as a Young Man）中，詹姆斯·乔伊斯（James Joyce）让主人公斯蒂芬·迪达勒斯（Stephen Dedalus）就 19 世纪末期的爱尔兰的成长环境说出了如下名言："当一个人的灵魂诞生在这个国家时，有一张大网把它罩住，防止它飞翔。你会跟我谈论民族性、语言和宗教。我想冲出这些牢笼。（When the soul of a man is born in this country there are nets flung at it to hold it back from flight. You talk to me of nationality, language, religion. I shall try to fly by those nets.）"

今天，我们面临的是其他的网。

其中之一是我在就这些问题与学生交流时经常听到的一个术语"自我放任（self-indulgent）"。"在攻读学位过程中有这么多事要做的时候（so many other things），试图按照自己的感觉生活难道不是自我放任吗？""毕业后不去找个真正的工作（getting a real job）而去画画难道不是自我放任吗？"

这些是年轻人只要思考一下稍稍出格（a little bit different）的事就不由自主地质问自己的问题。更糟糕的是，他们觉得提出这些问题是理所应当（feel compelled）的。许多学生在毕业前夕的未来探索中跟我说，他们感受到来自同伴那里的压力（the pressure they felt from their peers），需要为创造性的生活或思想生活辩护（to justify a creative or intellectual life）。好像自己已经走火入魔了似的：抛弃确定无疑的东西是疯了，认为思想生活可行是疯了，想象你有权尝试是疯了（You're made to feel like you're crazy: crazy to forsake the sure thing, crazy to think it could work, crazy to imagine that you even have a right to try. 编者按："羊霸王"比外界的压力更厉害）。

想象我们现在面临的局面。这是美国社会的贫困——思想、道德和精神贫困的最明显症状，美国最聪明的年轻人竟然认为听从自己的好奇心行动就是自我放任。你们得到的教导是应该上大学，但你们同时也被告知如果真的想得到教育，那就是"自我放任"。如果你自我教育的话，更糟糕。这是什么道理？进入证券咨询业是不是自我放任？进入金融业是不是自我放任？像许多人那样进入律师界发财是不是自我放任？搞音乐、写文章就不行，因为它不能给人带来利益（what good does that really do anyone），但为风险投资公司工作就可以。追求自己的理想和激情是自私的，除非它能让你赚很多钱。那样的话，就一点儿也不自私了（It's selfish to pursue your passion, unless it's also going to make you a lot of money, in which case it's not selfish at all）。

你看到这些观点是多么荒谬了吗？这就是罩在你们身上的网，就是我说的需要勇气的意思。这是永不停息的过程（a never-ending process）。在两年前的哈佛事件中，有个学生谈到我说的大学生需要重新思考人生决定的观点，他说："我们已经做出了决定，我们早在中学时就已经决定成为能够进入哈佛的高材生。"我在想，谁会打算按照他在 12 岁时做出的决定生活呢（Who wants to live with the decisions that they made when they were 12）？让我换一种说法，谁愿意让一个 12 岁的孩子决定他们未来一辈子要做什么呢？或者一个 19 岁的小毛孩儿？

你能做出的决定是你现在想什么，你需要准备好不断修改自己的决定。

让我说得更明白一些。我不是在试图说服你们都成为音乐家或者作家，成为医生、律师、科学家、工程师或者经济学家没有什么不好，这些都是可靠的、可敬的选择（valid and admirable choices）。我想说的是你需要思考它，认真地思考（think about it hard）。我请求你们做的，是根据正确的理由做出你的选择。我在敦促你们的，是认识到你的道德自由（moral freedom）并热情拥抱它。

最重要的是，不要过分谨慎（Don't play it safe）。学会控制（resist）社会给予了过高奖赏的那些卑怯的价值观的诱惑：舒服、方便、安全、可预测、可控制。这些，同样是罗网。最重要的是，要去克服失败的恐惧感。是的，你会犯错误，可那是你的错误，不是别人的。你将从错误中成长起来，而且，正是因为这些错误，你才能更好地认识你自己。由此，你将成为更完整和强大的人（a fuller and a stronger person）。

人们常说你们年轻人属于"后情感"一代（a "postemotional" generation），我想我未必赞同这个说法，但这个说法值得严肃对待。你们更愿意规避混乱、动荡和强烈的感情（avoid messy and turbulent and powerful feelings），但我想说，不要回避挑战自我（the challenging parts of yourself），不要否认欲望和好奇心（the desires and curiosities）、怀疑和不满（the doubts and dissatisfactions）、快乐和阴郁（the joy and the darkness），它们可能改变你预设的人生轨迹。大学刚开始，成年时代也才刚开始。打开自己，直面各种可能性吧，这个世界的深广远远超过你现在想象的边际。这意味着，你自身的深广也将远远超过你现在的想象。